Friedrich Gebhardt (Hrsg.)
Beiträge zur Methodik
juristischer Informationssysteme

Datenverarbeitung im Recht (DVR)

Archiv für die gesamte Wissenschaft der Rechtsinformatik, der Rechtskybernetik und der Datenverarbeitung in Recht und Verwaltung

---

Beiheft 5

1975

J. Schweitzer Verlag · Berlin

Beiträge zur Methodik juristischer Informationssysteme

Von Professor Dr. Dr. Herbert Fiedler, Dr. Richard Franzen,
Dr. Friedrich Gebhardt, Professor Dr. Peter C. Lockemann,
Dr. Bernd S. Müller, Joachim Poetsch, Günter Reiner,
Imant Stellmacher

Herausgegeben von

Dr. Friedrich Gebhardt
Gesellschaft für Mathematik und Datenverarbeitung.
Institut für Datenverarbeitung im Rechtswesen
(Leiter: Prof. Dr. Dr. Fiedler)

1975

J. Schweitzer Verlag · Berlin

CIP-Kurztitelaufnahme der Deutschen Bibliothek

Beiträge zur Methodik juristischer Informationssysteme.
(Datenverarbeitung im Recht: Beih.; 5)
ISBN 3-8059-0439-8

NE: Gebhardt, Friedrich [Hrsg.];
Fiedler, Herbert [Mitarb.]

Druckerei Gericke, Berlin. – Bindearbeiten: Wübben, Berlin

A N S C H R I F T E N   D E R   A U T O R E N

Prof. Dr.Dr. Herbert Fiedler

Dr. Richard Franzen

Dr. Friedrich Gebhardt

Dr. Bernd S. Müller

Joachim Poetsch

Günter Reiner

Imant Stellmacher

Gesellschaft für Mathematik und
Datenverarbeitung mbH Bonn
5205 St. Augustin 1
Schloß Birlinghoven

Prof. Dr. Peter C. Lockemann

Universität Karlsruhe
Institut für Informatik II
7500 Karlsruhe 1
Zirkel 2

V O R W O R T

Die Beiträge des vorliegenden Bandes beruhen hauptsächlich auf der Arbeit, welche im Institut für Datenverarbeitung im Rechtswesen der GMD unter der Projektleitung von Dr. F. Gebhardt für das geplante Juristische Informationssystem der Bundesrepublik durchgeführt worden ist. Auch nach Abschluß der Konzeptionsphase in der gemeinsamen Projektgruppe mit dem " Projektbericht " [JURIS 72] wird hier auf dem Gebiet juristischer Informationssysteme Forschung betrieben, allerdings in engem Kontakt mit den Forderungen der Praxis und insbesondere unterstützt durch die juristische Testdatenbank.

Mir selbst ist von Angehörigen der gemeinsamen Projektgruppe aus dem Bundesjustizministerium mehrfach ein erheblicher Einfluß auf die Entscheidung der Konzeptionsphase für ein (bloßes) Dokumentationssystem als Ausgangspunkt zugeschrieben worden. Ich möchte meine damalige Tendenz keineswegs verleugnen, sondern im Gegenteil bestätigen , daß mir die damalige Entscheidung auch heute noch richtig scheint. Der Grund liegt nach wie vor darin, daß bei der Weite des hier ins Auge gefaßten Rahmens gegenwärtig allenfalls ein bloßes juristisches Dokumentationssystem darstellbar und in seinen Auswirkungen einigermaßen überschaubar ist. Durch die Überlegungen der Rechtsinformatik ist sogar seither noch viel klarer geworden, wie vielgestaltig die Möglichkeiten, wie groß die Schwierigkeiten der Realisierung und wie unabsehbar die Auswirkungen weitergehender jurisitscher Informationssysteme sein können. Schon für ein " bloßes " Dokumentationssystem der hier geplanten Art sind die Probleme einer methodisch und technisch gangbaren wie auch rechtlich und rechtspolitisch legitimen Lösung überaus eindrucksvoll.

Nun soll es bei der Beschränkung auf " bloße " Dokumentation nicht sein Bewenden haben (eine Forderung,welche ich während der Konzeptionsphase ebenso konstant vertreten hatte). Der "Projektbericht" erwähnt neben den Dokumentationssystemen als Möglichkeiten weitergehender Informationssysteme etwa Frage - Antwort- Systeme, Fakten - Retrieval - Systeme, problemlösende Systeme. Allerdings ist - insbesondere im juristischen Bereich - die Betrachtung solcher Systeme weit mehr Aufgabe der Forschung als der Entwicklung. Daß das Institut für Datenverarbeitung im Rechtswesen diesen Aufgaben der " Parallellforschung" nicht aus dem Wege geht , soll gerade auch der vorliegende Band beweisen.

So geht es hier einerseits um die Methodik juristischer Dokumentationssysteme (unter Beachtung ihrer rechts- und gesellschaftspolitischen Bedingungen), andererseits um die Probleme weitergehender juristischer Informationssysteme. Beides wird hier vor allem in einer strukturell - funktionalen Auffassung gesehen, welche die Betrachtung von Zielen, Methoden und technischen Hilfsmitteln i.S. der vom Institut für Datenverarbeitung im Rechtswesen erstrebten Strukturtheorie der juristischen Information und Entscheidung zu vereinigen trachtet.

Die Perspektive der vorliegenden Untersuchung ist diejenige der Forschung für juristische Informationssysteme und daher zwangsläufig eine andere als die einer mehr pragmatisch orientierten Realisierung. Wenn hiernach manche Entscheidungen aus deren Bereich in einem etwas kritischen Licht dargestellt werden, so ist darin kein Widerspruch zum Geist der Kooperation mit dem Projektpartner Bundesjustizministerium zu sehen, sondern ein notwendig rollenspezifisch verschiedener Beitrag zur Zusammenarbeit.

H. Fiedler

I N H A L T

Das Literaturverzeichnis enthält die Literatur für alle Beiträge. Im Text wird darauf durch Angaben in eckigen Klammern , z.B. [JURIS 1972] , verwiesen.
Die Beiträge dieses Bandes zitieren sich gegenseitig mit " Beitrag 1 " und ähnlich.

Methodische Erfordernisse juristischer Informationssysteme

Bemerkungen zur Entwicklung von JURIS

Prof. Dr.Dr. Herbert Fiedler
Dr. Friedrich Gebhardt
Dr. Bernd S. Müller
Dipl.-Ing. Joachim Poetsch
Assessor Günter Reiner
Dipl.-Math. Imant Stellmacher

Übersicht — Seite

Seite

Seite

Zusammenfassung

Auf der Grundlage des vom Bundesministerium der Justiz federführend zu entwickelnden Juristischen Informationssystems (JURIS) werden verschiedene Probleme diskutiert, die die Entwicklung solcher Systeme aufwirft.

Einleitend wird JURIS in die Reihe der vorhandenen oder gescheiterten juristischen Dokumentations- und Informationssysteme eingeordnet.
Die Entwicklung der letzten Jahre wird kritisch betrachtet; als Folgerung wird gefordert, daß über den derzeit im Vordergrund stehenden schnellen Aufbau einer Datenbasis hinaus die Überlegungen, Forschungen und Planungen auf verschiedenen, bisher vernachlässigten Problembereichen intensiviert oder überhaupt erst in Angriff genommen werden müssen, wozu auch die stärkere Beteiligung anderer Institutionen erforderlich ist.
Die weiteren Kapitel analysieren den Wissensstand auf diesen Problembereichen und die Richtung der erforderlichen Forschungsarbeiten.

In Kapitel 1 werden kritische Stellen der technischen Leistungsfähigkeit (Kapazität der Hardware) diskutiert und auf die Möglichkeit und Schwierigkeit der Vorhersage des Gesamtverhaltens von Dialogsystemen bei bekannten Anforderungen mit Hilfe von Modellrechnungen, Simulations- und Meßverfahren hingewiesen.

Die derzeitige Inhaltserschließung in den Teilprojekten von JURIS wird in Kapitel 2 unter dem Aspekt automatischer Verfahren betrachtet und die prinzipielle Ähnlichkeit der Ansätze und das Fehlen vollautomatischer Verfahren dargelegt.

Anforderungen an die Abfragesprache als Schnittstelle zwischen System und Benutzer werden in Kapitel 3 herausgearbeitet. Dabei geht es einmal um Anforderungen an die einzelnen Befehle, deren Struktur insgesamt und um ihren Einzelaufbau, zum anderen wird - von der Aufeinanderfolge verschiedener Befehle während der Suche ausgehend - die Forderung nach Minimierung des Schreibaufwandes erhoben. Zur weiteren Vereinfachung soll die Erarbeitung von Standarddialogen und Rangfolgesortierungen dienen, welche für den weniger geübten Benutzer den Zugang zum System erleichtern und die Effizienz vergrößern.

In Kapitel 4 wird die Eignung von Recall- und Precision-Messungen als hauptsächliches Beurteilungskriterium von Retrievalsystemen in Abrede genommen, und zwar bereits für Batchsysteme und in verstärktem Maße auch für Dialogsysteme. Neu zu entwickelnde Bewertungssysteme müssen auf die sachgemäße Befriedigung der Informationsbedürfnisse der Benutzer abgestellt sein, wozu auch Einfachheit des Systems, schnelle Verfügbarkeit und die Kostenfrage gehören.

Kapitel 5 behandelt weitreichende Probleme der Errichtung juristischer Informationssysteme. Dabei wird die herkömmliche Methode der Informationsbereitstellung und -verarbeitung in Beziehung gebracht zu automatisierten Systemen; allgemeine Anforderungen an letztere werden diskutiert. In der derzeitigen Entwicklung von JURIS wird eine starke Konzentration auf die Dokumentation klassischer juristischer Textdaten beobachtet; dies wird als Einschränkung gegenüber dem ursprünglichen Konzept gewertet, das auf ein umfassendes System zielte.

Gerade dieser Ausbau zu einem über die Dokumentation von Texten hinausgehenden Informationssystem wird kritisch in Kapitel 6 behandelt. Objekte des Systems sollen Fakten werden. Dazu wird das Informationsbedürfnis des Benutzers stärker differenziert. Als Objekt werden insbesondere Rechtstatsachen betrachtet. Abschließend werden Probleme von Frage-Antwort-Systemen und Möglichkeiten für Simulationsmodelle aufgezeigt.

Summary

The authors try to locate several problems in connection with the Legal Information System (Juristisches Informationssystem JURIS)at present under development for the Federal Ministry of Justice. The introduction relates JURIS to existing as well as to abandoned retrieval systems for legal documents and information. As a result of a critical examination of recent trends it is recommended that, before generating a definitive data base of full size, various previously neglected problems be investigated with active cooperation of other organisations. So far as detailed knowledge is available, these problems are analysed in following chapters, and possible solutions a are suggested.

Chapter 1 points to critical aspects of technical performance and capacity. It outlines possibilities and some difficulties in the prediction of the overall performance of an online - dialogue system by analytical calculations, by measurements and by discrete event simulation.

Chapter 2 explores to which extent content analysis of legal documents is feasible by automated techniques.

The required characteristics of a query language, as interface between system and users, are examined in Chapter 3. Both single commands and the interrelationship among them are considered, as well as the merits of standardised sequences of commands.

Chapter 4 presents a discussion of " recall and precision " as a measure for evaluating retrieval systems. New scales of performance evaluation have to be developed to take into account such aspects as user information need and habits, simplicity in usage and responsiveness of the system, also under cost considerations.

Chapter 5 deals with the many problems encountered during creation of a data base for legal material. The efforts in automatizing such a process are compared with traditional methods of data collection. The present emphasis in JURIS on only normal legal text material is criticised as too restrictive with regards to the original intention to set up a more comprehensive data base.

Chapter 6 proposes the removal of this restriction as a necessary condition for the extention of the system from a document retrieval to an information retrieval system. This should provide direct answers to specific questions instead of references to documents containing the required answers.

The development of a system in such a direction would require careful study to identify the differing information needs of various user groups and find appropriate enquiry techniques. As a comprehensive system it should contain " Rechtstatsachen " (social and other related background data). Whether simulation features as an aid in the process of planning the law could be included without excessive additional efforts, remains to be investigated.

Kapitel 0. Zur Situation juristischer Informationssysteme

0.1 Erfolge und Mißerfolge

Die Geschichte juristischer Dokumentations- und Informationssysteme ist reich an Mißerfolgen und abgebrochenen Versuchen. Bereits [Fraenkel 1968] führt eine große Zahl eingestellter Experimente auf und weiß bei etlichen anderen nicht, ob sie noch aktiv sind. In [JURIS 1972, Anhang J] werden einige weitere als abgebrochen bezeichnet. Von den dort (in Anhang K) genauer beschriebenen neun Systemen scheint CONTEXT wenig Fortschritte gemacht zu haben und noch auf einen Anwender zu warten; DATUM weitet seine Aktivitäten stark auf andere Gebiete aus (Mikroform-Dienst, aktiver Informationsdienst, Lichtsatz); in Deutschland hat JURADAT seinen Betrieb eingestellt.

Aber auch den erfolgreicheren Systemen - z.B. LITE und LEXIS in den USA, Corte Suprema di Cassazione in Rom, DATEV in Deutschland - ist der große Durchbruch bisher nicht gelungen. Die größten Datenbasen liegen wie bei der Planung für JURIS im Milliardenbereich (LEXIS über 3 Mrd. Zeichen); auch die Zahl der Suchanfragen oder Benutzer kommt höchstens in die Gegend dessen, was sich auch das Juristische Informationssystem der Bundesregierung für die nächsten Jahre vorgenommen hat: LITE, schon seit 1963 aktiv in Betrieb, erwartete für 1974 knapp über 30.000 Anfragen; LEXIS hat etwa 50 Datensichtstationen installiert; das Römische System bedient anscheinend nach wie vor fast ausschließlich nur den Cassazionsgerichtshof selbst.[1)]

Es läßt sich im einzelnen nur schwer, wenn überhaupt, feststellen, warum ein System gescheitert ist oder den gewünschten Erfolg nicht erreicht hat (vgl. [JURIS 1972], Anhang J, S. 401). Sicherlich spielen aber die folgenden Gründe mit:

- Die Finanzmittel reichten nicht aus.
- Das Projekt wurde von der Initiative eines Einzelnen getragen, nach dessen Ausscheiden es über kurz oder lang eingestellt wurde.
- Die Benutzung war zu umständlich (nur über Mittelspersonen oder nach zu langer Einarbeitung möglich).

---

1) Die Angaben zu amerikanischen Systemen entstammen [Tapper 1974], vgl. auch [Dammann 1974].

- Die Systemleistungen (insbesondere die Datenbasen) waren unzureichend.
- Die Nachfrage war zu gering, d.h. das System arbeitete am Markt vorbei.

Leider werden die wahren Gründe für Schwierigkeiten oder Mißerfolge sehr selten veröffentlicht (eine rühmliche Ausnahme aus dem medizinischen Bereich, die auch für die juristische Dokumentation von Interesse sein sollte, ist [Koeppe 1973]).[1] Daher kann man beim Aufbau juristischer Informationssysteme nur schwer aus den Fehlern anderer lernen. Um so vorsichtiger muß man bei allen Plänen und Vorbereitungen sein. Eine ständige kritische Überwachung sowohl durch die am Projekt Beteiligten als auch durch Außenstehende ist dringend erforderlich.

Ein wichtiges Entscheidungshilfsmittel ist zweifellos eine gezielte Benutzerforschung. Das wichtigste Resultat einer groß angelegten Befragung kanadischer Rechtsanwälte war, daß eine Rationalisierung des Bürobetriebs erheblich höhere Einsparungen verspricht als ein juristisches Informationssystem [Compulex 1972]. Eine deutsche Untersuchung [Jungjohann 1974][2] erbrachte bedeutsame Einsichten in das gegenwärtige Verhalten der Juristen bei der Literatursuche (z.B. bevorzugte Zeitschriften, Anteil der delegierten Suche, Zeitaufwand, jährliche Ausgaben für Zeitschriften und Bücher). Ob und in welchem Umfang ein deutsches juristisches Informationssystem benutzt werden würde, konnte mit der Umfrage naturgemäß nicht festgestellt werden, da den Befragten die Möglichkeiten, die sich hier ergeben könnten, noch völlig fremd und unbekannt waren.

Trotzdem muß die Benutzerforschung fortgesetzt werden, und zwar sowohl durch eine Weiterführung derartiger Umfragen zu gegebener Zeit als auch vor allem durch intensive Beobachtung und Befragung der Benutzer jedes sich entwickelnden Systems; sonst wird dieses unweigerlich am Bedarf der Benutzer vorbei konzipiert und muß eines Tages in die lange Liste gescheiterter Projekte eingereiht werden.

---

1) Gründe für das Scheitern des klinischen Systems ORVID für routinemäßige Röntgen-Befundungen lagen im organisatorischen wie im psychologischen Bereich; insbesondere war es dem Verhalten DV-uninteressierter Benutzer nicht angepaßt. Seit es nur noch auf freiwilliger Basis weiterbetrieben wird, steigt sein Einsatz wieder.

2) Die wesentlichen Ergebnisse werden in [Seidel 1973] wiedergegeben.

0.2 Zur Situation des JURIS

Das Juristische Informationssystem der Bundesregierung begann - nach einigen vorangegangenen Studien - mit einem Projekt, das 1970/71 in intensiver Arbeit die Grundlagen für den Aufbau eines Juristischen Informationssystems bereitete: Umfang des Materials, Zahl der potentiellen Benutzer, Einbettung in das Rechtssystem, Forderungen an das System, technische Möglichkeiten, Beschreibung und Beurteilung anderer existierender Systeme, Vorschlag für ein zweistufiges Vorgehen (Entwicklungs- und Ausbausystem), Abschätzung der Kosten, Angaben zum Nutzen und nicht zuletzt eine Sammlung offener, wichtiger Probleme (teilweise unter "Parallelforschung" zusammengefaßt) stellen einige der wichtigeren Untersuchungen dar, deren Ergebnisse in [JURIS 1972] veröffentlicht sind.

Seither sind drei Jahre vergangen; daher ist es gerechtfertigt und nützlich, den Fortgang der Arbeiten kritisch zu betrachten.

Auf der Grundlage jenes Projektvorschlages hat das Bundeskabinett am 5. September 1973 beschlossen, innerhalb von sechs Jahren ein voll funktionsfähiges Juristisches Informationssystem auf drei (statt ursprünglich geplant zwei) Rechtsgebieten aufzubauen, und zwar Sozialrecht, Steuerrecht und ein noch festzulegender Teil des Privatrechts.

Der Projektbericht hat als Alternativen offen gelassen, das Software-System für JURIS von Grund auf neu zu programmieren oder ein vorhandenes System als Basis für den weiteren Ausbau zu übernehmen. Das Bundesministerium der Justiz hat sich für die zweite Alternative entschieden, vor allem wohl in der Hoffnung, auf diese Weise früher zu einem einsatzfähigen System zu kommen. Allerdings wird eine Systementscheidung erst für Mitte 1975 (mehr als drei Jahre nach Vorlage des Projektberichts) erwartet; eine entscheidende, zum 31. Dezember 1974 terminierte Ausschreibung ist vom BMJ im Juli 1974 den interessierten Firmen zugeleitet worden. Inzwischen haben die Firmen Siemens (Unidata) und IBM ihre Produkte GOLEM2 mit PASSAT bzw. STAIRS mit FAIR1 angeboten.

Der Projektbericht ging von einem zügigen Aufbau des Juristischen Informationssystems aus. In der Praxis ergeben sich mancherlei Schwierigkeiten.

Unter anderem ist ein beachtlicher Teil der dafür vorgesehenen Stellen im BMJ - vor allem für wissenschaftliche Aufgaben-unbesetzt. Hinzu kam eine nicht unbeträchtliche Personalfluktuation, die die Kontinuität der Arbeiten behinderte. Daher mußte die von BMJ und GMD entwickelte Testkonzeption bezüglich der vor dem Systementscheid durchzuführenden Untersuchungen stark gekürzt werden, und auch vom verbliebenen Rest mußte das BMJ seinen Anteil nochmals reduzieren. (In den Beiträgen dieses Heftes sind Teilergebnisse der von der GMD durchgeführten Untersuchungen bereits enthalten).

Das BMJ hat zwar die Federführung für JURIS, aber im Bereich der Bundesregierung sind die Bundesministerien für Arbeit und Sozialordnung (BMA) und für Finanzen (BMF) ebenfalls daran beteiligt und entwickeln ihre eigenen, vom Projektbericht teilweise erheblich abweichenden Vorstellungen. Das beim BMA ressortierende Bundessozialgericht geht von seiner umfangreichen Kartei (über 450.000 Karteikarten) aus und möchte, pointiert dargestellt, zunächst diese Kartei mit Hilfe des Systems GOLEM2 automatisieren; das BMF möchte seine Konkurrenz, die DATEV, überflügeln und strebt daher in erster Linie danach, möglichst viele Entscheidungen möglichst schnell aufbereitet und auf dem gleichen Retrieval-System (STAIRS) verfügbar zu haben.

Bedauerlich und gefährlich ist nicht der Drang, die Konkurrenz mengenmäßig auszustechen oder eine schon vorhandene, wertvolle Kartei auf ADV zu übernehmen, sondern die sich abzeichnende Entwicklung, über dem Streben nach kurzfristigen Erfolgen das langfristige Ziel aus den Augen zu verlieren. Das Resultat wäre ein zusammengeflicktes, uneinheitliches Juristisches Informationssystem, das weder den Wünschen der Mehrheit der Benutzer noch den wissenschaftlichen Ansprüchen, die man an ein so großes, staatliches Unterfangen stellen muß, gerecht werden könnte.

0.3 Problembereiche

Es ist das Bemühen um eine gesicherte Entwicklung des Juristischen Informationssystems, die die Verfasser veranlaßt, die Beiträge dieses Heftes vorzulegen, um damit - so hoffen wir - nicht nur eine allgemeine Diskussion über ein solches System, sondern auch die wissenschaftliche Bearbeitung der noch zu nennenden offenen Problemen anzuregen.

Zugleich sind wir der Meinung, daß diese Beiträge nicht nur für die Entwicklung des JURIS, sondern auch zur Planung wie zum Aufbau anderer juristischer und nicht-juristischer Dokumentations- und Informationssysteme Hilfen und Anregungen geben können.

Wir sehen vor allem die folgenden Problembereiche, die dringend einer gründlichen Bearbeitung bedürfen.

1. Technische Leistungsfähigkeit. Mit gutem Grund hat das BMJ in seiner Ausschreibung sowohl auf die Erweiterbarkeit der Software wie auf den Nachweis der technischen Leistungsfähigkeit (genügend große Anzahl gleichzeitig aktiver Benutzer bei einer großen Datenbasis) großes Gewicht gelegt. Obwohl politische Argumente (z.B. Stützung eines deutschen oder europäischen DV-Herstellers) bei der Auswahl eine legitime Rolle spielen können (wenn sie nicht hinter technischen Argumenten versteckt werden), darf dadurch die technische Leistungsfähigkeit und Erweiterbarkeit nicht gefährdet werden. Auf die Erfüllung dieser Forderung zu achten liegt im Verantwortungsbereich des Trägers eines Systems - für JURIS bei der Bundesregierung bzw. beim BMJ.

2. Bewältigung großer Textmengen. Gemeint sind vor allem neue Verfahren zur (möglichst automatischen oder wenigstens DV-unterstützten) Aufbereitung der Daten. Hier sind Juristen und Linguisten an Universitäten und anderen Forschungsanstalten zur Mitarbeit aufgerufen.

3. Kontakt zwischen Benutzer und System (Benutzerschnittstelle). Die meisten DV-Systeme sind für DV-erfahrene Benutzer konstruiert.Bei einem großen und nicht für Spezialisten konzipierten System ergeben sich viele Probleme, wenn die willigen Benutzer nicht sehr schnell durch komplizierte Bedienung und unzureichende Resultate wieder abgeschreckt werden sollen. Eine Zusammenarbeit vieler Fachrichtungen ist nötig: Software-Technologie, Jurisprudenz, Benutzererforschung, aber auch Linguistik und Statistik.

4. Bewertung von Dialogsystemen. Die üblichen Maße (z.B. Relevanz- und Nachweisquote) reichen schon bei Stapelverarbeitungssystemen nicht aus; bei Dialogsystemen können sie höchstens einen Aspekt unter vielen messen. Geeignete Beurteilungsmethoden liegen bisher nicht vor.

5. Gesellschaftspolitische und juristische Probleme. Hier ist an eine Reihe offener Fragen gedacht, die in erster Linie von den Hochschulen und anderen öffentlichen Institutionen angegangen werden müßten, von Vorschlägen für die zukünftige Rechtsform des JURIS über Fragen des Urheberrechts bis zu Vorschlägen für die Abgrenzung des einzuspeichernden Materials.

6. Ausbau zu einem erweiterten Informationssystem. Das Wort "Informationssystem" wird häufig nur als Oberbegriff für verschiedenartige Systeme, zu denen u.a. auch die Dokumentationssysteme gehören, verwendet. Ein allgemeines Juristisches Informationssystem muß aber anstreben ([JURIS 1972], S. 64, 199, 2o8), langfristig mehr zu bieten, etwa in Richtung eines Frage-Antwort-Systems. Solche Systeme sind bisher nur in Ansätzen vorhanden; auf juristischem Gebiet sind überhaupt noch keine Untersuchungen bekannt. Weitere umfangreiche Ergänzungen betreffen den Einbezug von Rechtstatsachen und von Simulationsverfahren über die Auswirkung beispielsweise von Gesetzesänderungen.

Diese sechs Problemkreise sollen in den Kapiteln 1 bis 6 genauer betrachtet werden; vorhandene Lösungsansätze werden mitgeteilt. Einzelne damit zusammenhängende Ergebnisse werden ausführlicher in den nachfolgenden Beiträgen dieses Heftes dargestellt.

0.4 Konsequenzen

Zu einem erfolgreichen juristischen Informationssystem gehört mehr als nur eine große Zahl eingespeicherter Dokumente. Der Träger eines mit öffentlichen Mitteln finanzierten Systems ist auch dafür verantwortlich, daß die im Abschnitt 0.3 aufgeworfenen Fragen und Probleme behandelt und die Resultate in das Konzept des Systems eingearbeitet werden - bei Strafe des Scheiterns, wie schon bei so manchen anderen juristischen Informationssystemen.

Es gibt genügend Institutionen, die solche Aufgaben bearbeiten könnten: Universitäten, Max-Planck-Institute, andere Forschungseinrichtungen, Berufsverbände und nicht zuletzt die GMD. Es liegt an der Bundesregierung, diese Probleme bearbeiten zu lassen und die erforderlichen Geldmittel (z.B. aus dem 2. und dem 3. DV-Programm oder dem I und D-Programm) zur Verfügung zu stellen. Es liegt am BMJ, bei den anderen zuständigen Ministerien entsprechend darauf hinzuwirken und nicht die geringe schon vorhandene Personalkapazität für die erforderlichen Untersuchungen weiter zu beschneiden.

Die Ergebnisse solcher Forschungen hätten mit Sicherheit auch einen starken Einfluß auf die Entwicklung anderer Fachinformationssysteme wie auf viele andere DV-gestützte Systeme (nicht nur Dokumentationssysteme), in die durch staatliche wie durch private Institutionen große Geldmittel gesteckt werden.

Kapitel 1. Technische Leistungsfähigkeit von Dialogretrieval-Systemen

In [JURIS 1972] wurde von der Voraussetzung ausgegangen, daß ein Juristisches Informationssystem auf einem automatisierten Dokumentretrievalsystem aufzubauen sei, dieses wiederum aufgrund technischer Möglichkeiten vorwiegend aus einem computerisierten "Echtzeit"-System bestehen müsse; daraus ergeben sich Folgerungen für die vorzusehende technische Kapazität eines solchen Systems, wozu schon dort entsprechende Abschätzungen bezüglich des Aufwandes gegeben wurden.

Mittlerweile sind mehr Einzelheiten bekannt, um nunmehr die Abschätzungen mit genaueren Werten für ein statisches Modell wiederholen zu können. Zusätzlich soll auf Möglichkeiten hingewiesen werden, um mit Hilfe von rechnergestützter Simulation das dynamische Verhalten komplexer Systeme modellhaft zu untersuchen. Schließlich muß versucht werden, aus den technischen Daten schon implementierter Systeme ähnlicher Art Anhaltspunkte zu gewinnen für die Größenordnung des technischen Aufwandes für ein dialogfähiges juristisches Dokumentretrievalsystem.

Die Kapitel 1 - 6 sind einzeln lesbar, Kap. 1.1 - 1.3 ist mehr technischer Natur.

1.1. Kritische Punkte bei der Beurteilung der technischen Leistungsfähigkeit

Durch die Hervorhebung von zwei Merkmalen läßt sich ein Dokument-Retrieval-System im Echtzeitbetrieb von anderen Lösungen unterscheiden: Die Benutzer befinden sich in einem "Dialog" mit dem System, um Dokumente oder allgemein Informationen aufzufinden (Dialogretrieval), d.h. Fragen an das System werden "sofort" bearbeitet und erarbeitete Resultate den Benutzern ebenfalls "ohne Verzögerungen" zurückübermittelt. Zur Unterstützung einer "raschen" Abwicklung des Dialogverkehrs werden entsprechend schnelle Endstationen - vorwiegend Bildschirmterminals - verwendet.

Zu der qualitativ aufzufassenden Forderung nach einem Echtzeitsystem treten quantitative Faktoren, die die idealisierte Annahme "sofortiger" Reaktion des Systems beeinflussen: abhängig von der Größe des Datenbestandes ist eine mehr oder weniger verzögerte bzw. verlängerte Bearbeitung der Anfragen zu erwarten. Auch die Anzahl der Benutzer, die zu einem Zeitpunkt den Versuch unternehmen, "gleichzeitig" das System zu befragen, wird die Reaktionszeit beeinflussen, z.B. wenn Betriebsmittel des Systems nur nacheinander für mehrere Benutzer zur Verfügung stehen. Schließlich kann Art und Umfang der einzelnen Anfragen das System mehr oder weniger stark beanspruchen bzw. andere Benutzer dadurch beeinträchtigen.

Wie in [JURIS 1972] dargelegt, sollte für ein Juristisches Informationssystem in der Entwicklungsphase möglichst schon die Grenze der derzeit üblichen technischen Leistungsfähigkeit erreicht werden. Dadurch wird gewährleistet, daß für die Ausbauphase genaue Angaben für die Auslegung der einzelnen Komponenten zur Verfügung stehen, da die Einflüsse aus Datenvolumen und Benutzerverhalten am Entwicklungssystem vorher untersucht werden konnten.

Die Forderung ergab sich aus der Kombination eines ungewöhnlich umfangreichen Datenbestandes - mehr als 1 Milliarde Zeichen - mit einer entsprechenden Anzahl von gleichzeitig aktiven Benutzern - mindestens 5o in Spitzenzeiten - als Systembelastung, die die Kapazität einer Großanlage beansprucht. Der damit verbundene finanzielle Aufwand macht es notwendig, die einzelnen Komponenten einer solchen Anlage in ihrer Einzelleistung möglichst so auszulegen, daß nicht einige unterbelastet, andere wieder überbeansprucht werden bzw. einen Engpaß bilden. In der Praxis ergeben sich allerdings Schwierigkeiten, eine solche Forderung annähernd zu erfüllen, da die Belastung der Systemkomponenten nicht so ohne weiteres im voraus zu ermitteln ist; selbst im tatsächlichen Betrieb eines schon gut funktionierenden Dialogsystems ist die Ermittlung der Auslastung der einzelnen Teile der Anlage noch problematisch.

Dies liegt an der komplexen Struktur des Systems und den darin zeitlich ineinander verschachtelt ablaufenden Dialogprozessen, die zu einer dauernd wechselnden Belastung der einzelnen Systemkomponenten führen. Dauer und Umfang der von den einzelnen Benutzern eingeleiteten Dialogprozesse variieren stark in Abhängigkeit von den gesuchten Informationen und der Art der Suchprozesse, die von den Benutzern zur Beantwortung ihrer Fragen herangezogen werden.

Der große Umfang der Datenbank wirkt sich in vielerlei Hinsicht besonders erschwerend aus, z.B. weil derzeit davon ausgegangen werden muß, fast immer den vollen Wortlaut der juristischen Originaldokumente für die Suchfunktionen heranzuziehen; jedes Wort des Textes mit Ausnahme weniger Füllwörter (der,die,das,ein, an,in,zu u.ä.) muß zur Suche herangezogen werden können. Da sich eine Durchsuchung der gesamten Datenbank auf das Vorkommen einzelner Suchwörter zur Zeit der Anfrage vom Aufwand her verbietet, verwendet man eine bei der Einspeicherung erstellte maschinelle Konkordanz der Suchwörter in Form einer sogenannten Umkehr-Datei, in der hinter jedem dem Text entnommenen potentiellen Suchwort die Textstellen verzeichnet sind,an denen dieses Suchwort vorkommt.

In Abhängigkeit von der Genauigkeit, mit der die Textstelle nachgewiesen wird (z.B. zusätzlich zur Dokumentnummer noch Hinweise auf Absatz im Dokument, Satznummer, Wort im Satz), nimmt die Größe dieser Umkehr-Datei zu, und mit ihr wächst auch der Aufwand der Verarbeitung bei der Suche. Eine solche Liste mit allen Verweisen auf die verschiedenen Vorkommnisse eines bestimmten Wortes in den Texten der Datenbank soll hier mit Zieladressliste bezeichnet werden.

Da die meisten Anfragen nicht mit einem einzelnen Suchwort zu erledigen sind - dies würde dem Benutzer entweder zu viele oder zu wenige Dokumente nachweisen -, muß die Möglichkeit geboten werden, Durchschnitts- oder Vereinigungsmengen mehrerer Suchwörter mit Hilfe Boolescher Verknüpfungen zu bilden, oft noch gekoppelt mit der Verfeinerung auf die schon erwähnten Dokumentunterebenen: Absatz, Satz. Systemintern wird dies durch den Abgleich meist sehr langer Zieladresslisten(von jeweils mehreren tausend Einträgen) realisiert, woraus eine der Hauptbeanspruchungen des Systems im Dialogverkehr resultiert.

Sind aus Ersparnisgründen in der Zieladressenliste nicht alle für die Suche notwendigen Angaben, z.B. über Vorkommnis im Absatz, Satz, mitgeführt, wird in manchen Fällen eine Detailrecherche über die einschränkenden Angaben notwendig, die dann an den gespeicherten Originaltexten vorgenommen werden muß, zweckmäßigerweise nachdem schon aus der Menge aller in der Datenbank gespeicherten Dokumente eine Vorauswahl über die Umkehr-Datei durchgeführt wurde. Danach könnten dann- wie im Prinzip bei GOLEM realisiert (durch "Zweckentfremdung" der Indices) - weitere Umkehrdateien auf Dokumentebene durchsucht werden, oder es ist in der Untermenge Wort für Wort zu überprüfen, ob die verlangten Einschränkungen zutreffen, z.B. wo zwei Wörter in einem angegebenen Abstand zueinander vorkommen. Eine derartige Feinrecherche beansprucht das System sehr, wird aber nicht in allen Fällen benötigt.

Zu den bisher erwähnten Grundfunktionen der Dokumentsuche müssen weitere funktionale Ergänzungen treten, die ebenfalls mehr oder weniger zur Systembelastung beitragen. Diese reichen von der Einbeziehung zusätzlicher Wörterbücher für die Suche mit verwandten Wörtern oder Synonymen über komplizierte Thesaurus-Dateien bis zu Verfahren, die die gefundenen Dokumente in einer Rangfolge nach einem angenommenen Informationsgehalt bezüglich der vom Benutzer formulierten Frage anbieten.

Weil bei keinem vorhandenen System ein erheblicher Vorsprung vor allen anderen auf der Hand liegt, hat der BMJ für die Installation der notwendigen Hardwarekomponenten mit zugehöriger Softwareunterstützung für das Entwicklungssystem eine Ausschreibung veranstaltet. Zum Umfang des Angebotes gehört auch ein Nachweis der Leistungsfähigkeit des Systems seitens des Anbieters.

Gleichgültig ob sich der Anbieter entschließt, diesen Nachweis am Betrieb eines installierten Systems mit annähernd den Eigenschaften und Verhältnissen des Entwicklungssystems zu führen oder ein ihm plausibles Konzept für ein Rechenmodell entwickelt, der Nachweis muß überprüft werden, wobei dies zu Lasten des Kunden geht.

Dabei ist der Kunde in einer schwierigen Lage; der Anbieter wird vermutlich viele seiner Schwächen und Fehler bezüglich der geforderten Leistung kennen oder zumindest leichter ermitteln können als der Kunde, dem ja normalerweise nicht alle Maschinentypen des Angebots und schon gar nicht der Aufbau des Programms so vertraut sind und zu eigenen Untersuchungen zur Verfügung stehen. Aus diesem Informationsvorsprung könnte der Anbieter Nutzen ziehen, als er nur positive oder optimistisch gefärbte Parameterfestlegungen preisgibt. Dem Kunden muß demnach eine unabhängige Ermittlung wichtiger Schlüsselwerte des Leistungsverhaltens der Angebote zur Verfügung stehen. Darauf soll in folgendem näher eingegangen werden.

1.2 Ein Rechenmodell

Für die Vorabschätzung des technischen Aufwandes wurde in [JURIS 1972] ein genügend detailliertes Rechenmodell verwendet; dies war insoweit ausreichend, als es um Aussagen über die finanzielle Größenordnung und über die technische Möglichkeit oder Unmöglichkeit ging, ob ein juristisches Dokumentretrievalsystem des geforderten Umfanges an Dokumenten ein Dialogretrieval nach dem Wortlaut bei der angenommenen Benutzerzahl anbieten könne. Viele der für das konstruierte Rechenmodell angenommenen Voraussetzungen sind heute noch aufrecht zu erhalten, es sind soweit jedenfalls keine Einsprüche erhoben worden gegen die Plausibilität der Parameterwerte, die der Rechnung zugrunde gelegt worden sind.

Zu überprüfen war die Annahme für die Länge der Zieladresslisten als einer der einflußreichsten Parameter für die Resultate des Rechenmodells; weiter gibt es Hinweise, daß die angenommene Aufteilung auf die einzelnen Klassen der Suchfunktionen zu korrigieren ist.

Eine bessere Abschätzung der für Rechnungen zu verwendenden Annahme für die Länge der Zielpunktlisten wurde in Beitrag 2 aufgrund von Unter - suchungen an schon vorliegendem Material der Testdatenbank (ungefähr 1000 Urteile bei 30 Millionen Zeichen Text) unternommen. In Beitrag 3 sind dann mit Hilfe der Vorstellungen des ursprünglichen Rechenmodells aus [JURIS 1972, Kap. 4.1o] für korrigierte Werte neue Ergebnisse ermittelt. Dabei ist neben dem schon erwähnten neuen Ansatz für mittlere Länge der zur Suche verwendeten Zieladresslisten eine Verschiebung des Verhältnisses der Suchfragen mit und ohne "Feinrecherche" berücksichtigt.

Den im Rechenmodell verfolgten Vorstellungen liegt ein bestimmtes logisches Konzept für die Realisierung des Dialogretrievalsystems zugrunde. Da mittlerweile mehrere Anbieter von Dialogretrievalsystemen für die Suche von Texten mit mehr oder weniger günstigen Konzepten auftreten, wäre es sinnvoll, für jedes interessierende System im Angebot ein entsprechendes Rechenmodell zu konzipieren und mit den Annahmen aus [JURIS 1972] sowie den Korrekturen nach Beitrag 2 durchzurechnen.

1.3 Möglichkeiten bei der Modellbildung

Für die Untersuchung von Systemen der hier interessierenden Klasse allgemein - Gesamtverhalten von Rechnersystemen unter spezifischen Software-Anforderungen - werden mathematisch formulierte Systemzusammenhänge als Modell verwendet. Dabei ist es zweckmäßig, zwischen statischen und dynamischen Modellen zu unterscheiden.

Bei statischen Modellen werden zeitliche Schwankungen von Eingangsvariablen durch ihre Mittelwerte ersetzt, wie es z.B. in [JURIS 1972, Kap. 4.1o] und Beitrag 3 gehandhabt wurde. Im Gegensatz zu den statischen Parameterwerten der Datenbank muß aber das Benutzerverhalten und alle daher abgeleiteten Variablen als zeitlich schwankend betrachtet werden. Aus Gründen der Vereinfachung ist dies bei obigen Modellrechnungen vernachlässigt und die Benützerbelastung durch Mittelwerte dargestellt, wie mittlere Zahl von Benutzern pro Minute, im Mittel verwendete Anzahl von Suchdeskriptoren usw.

Sind genauere Aussagen erwünscht, können selbstverständlich im allgemeinen auch unter Berücksichtigung höherer Momente oder anderer Charakteristika als dem Mittelwert, z.B. maximaler oder minimaler Werte, die Modellrechnungen für zeitliche Abhängigkeit durchgeführt werden. Besondere Probleme ergeben sich bei komplexen Rechnersystemen durch die Möglichkeit asynchroner Verarbeitung von einzelnen Teilschritten einer Aufgabe auf den verschiedenen Untersystemen, wie Zentraleinheit, Datenfernverarbeitungskanal, Massenspeichereinheiten, und aus den zum Teil sehr unterschiedlichen Ansprech- und Bedienungszeiten dieser Subsysteme. Eine genauere Studie der Verhältnisse bei zeitlich streuenden Belastungen ergibt, daß Betriebs- oder Kontröllsystem-spezifische Wartesituationen bezüglich der einzelnen Betriebsmittel erzeugt werden, z.B. die Kontrolleinheit einer Gruppe von Terminalleitungen zu einer bestimmten Zeit von einem früheren Auftrag her blockiert ist, wenn ein weiterer Auftrag an dieselbe abgesetzt werden soll.

Für die Behandlung einer derartigen Problematik, bei der der zeitliche Ablauf von Prozessen auf voneinander unabhängigen Betriebsmitteln untersucht werden muß, ist die Verwendung von dynamischen Modellvorstellungen unerläßlich [Gerich 1971]. Dafür charakteristisch und gegenüber statischer Betrachtungsweise neu ist die Berücksichtigung des Auftretens von Staubildungen vor den einzelnen Betriebsmitteln, die aufgrund unterschiedlicher Bearbeitungszeiten - z.B. der Zentraleinheit, der Massenspeicher oder Terminalkontrolleinheiten - Wartesituationen erzeugen, es kommt zu "Warteschlangen-"Bildung.

Die Behandlung von Warteschlangennetzen durch mathematisch-analytische Lösungen ist kompliziert und gelingt nur für sehr vereinfachte Annahmen, wie Unabhängigkeit der Ankunftsraten der Anforderungen untereinander etc. Gleichwohl wird dies von [Gerich 1972] für die Design-Analyse empfohlen, besonders wenn man sich dafür schon vorhandener Rechenprogramme bedienen kann. Für genauere Systemstudien ist dagegen auf sogenannte "stochastische" Methoden hingewiesen, die Simulation diskreter Ereignisse in Wartenetzen auf Rechnern unter Verwendung geeigneter Simulationssprachen oder schon programmierter allgemeiner Modelle. Dabei wird der Ablauf der einzelnen Verarbeitungsschritte gemäß den Elementen des Modells in der Simulationssprache ausgedrückt oder durch Parameterwerte beschrieben und für eine genügend lange Modellzeit auf dem Rechner abgearbeitet, d.h. es werden Listen der Einzelaktivitäten (Ereignisse) geführt und dabei verfolgt, wie sich Wartesituationen anhand der "zufällig" auftretenden oder von vorherigen Aktivitäten herrührenden Anforderungen aufbauen. Nach genügend langer Modellzeit ergibt sich aus den Aufzeichnungen der Einzelergebnisse ein Bild der Verteilung von Wartezeiten, Bedienungs- und Verweilzeiten, sowohl bei den Einzelkomponenten wie insgesamt. Damit sind Kriterien für Alternativlösungen - mehrfache Auslegung einzelner Komponenten oder Wahl eines Betriebsmittels mit langsamer Bedienungsrate - gewonnen, sodaß die Gesamtkonfiguration möglichst eng an die Bedürfnisse angepaßt werden kann.

Meist ist es nicht schwer, die Modellkonzeption aus den wesentlichen Betriebsmitteln der Hardware und der logischen Verknüpfung untereinander, die durch die Softwarelogik gegeben ist, zu beschaffen. Schwierigkeiten ergeben sich erst durch die Ungenauigkeit, mit der die Anforderungen der Benutzer bekannt sind, wie Art der Anforderung, Häufigkeit verschiedener Klassen von Anforderungen, interaktives Verhalten der Benutzer (Denkpausen). Hat man keine Gelegenheit, das Einzelbenutzerverhalten genügend detailliert zu studieren, weil das System noch nicht vorhanden ist oder die Datenbasis noch fehlt, genügt es, mit einem plausiblen Szenario des Benutzerverhaltens und entsprechenden Annahmen, den Inhalt der Datenbank betreffend, die Simulation durchzuführen.

Eine besonders günstige Ausgangssituation für die Erzielung von " realitätsnahen" Simulationsergebnissen liegt vor, wenn sich aus Meßdaten eine Beschreibung der Einzelreaktionen des Systems gewinnen läßt. Die durch die Simulation zu modellierende gegenseitige Beeinflussung der Einzelaktivitäten sollte sich dann sehr nahe an die wirklichen Verhältnisse des Gesamtverhaltens annähern , wenn durch die Meßdaten auch die Schwankungen in den Einzelbelastungen berücksichtigt werden können.

1.4 Vergleich mit existierenden Systemen

Die durch Modellrechnungen oder Simulation diskreter Ereignisse zu gewinnenden Einsichten in das Systemverhalten mögen demjenigen, der sie unternimmt, eine gewisse Zuversicht über die Zweckmäßigkeit oder Notwendigkeit dieser oder jener Systemkonfiguration und ihrer "Leistung" geben, für den Nichtexperten in Sachen Leistungsbeurteilung wäre der Nachweis der Leistung an einem wohleingeführten schon vorhandenen System mit vergleichbarer Belastung einleuchtender.

Abgesehen von den Schwierigkeiten, die sich schon bei der Definition der Begriffe Belastung, Leistung usw. ergeben, ist auch bei einem installierten Echtzeit-System die Leistungsbeurteilung im laufenden Betrieb nicht trivial. Meist verlangt sie zusätzliche Maßnahmen, die, wenn auf Softwareebene integriert, ihrerseits das Gesamtverhalten beeinflussen, oder, wenn als sogenannte Hardwaremonitoren angeschlossen, meist Unmengen wenig korrelierbarer bzw. schwierig interpretierbarer statistischer Daten liefern.

Eine mehr allgemeine Beurteilung existierender Systeme, die auch subjektive Kriterien der Benutzer einschließen könnte, wäre abschließend zu Vergleichszwecken nützlich. Wie schon anfangs erwähnt, sollte das für ein Juristisches Informationssystem zu installierende Dialogretrievalsystem gerade auch in der technischen Leistungsfähigkeit wenn nicht die Grenze vergleichbarer Systeme sprengen, so doch in Bereiche verstoßen, in denen wegen mangelnder Erfahrungen neue Erkenntnisse notwendig wären. Vergleiche mit existierenden Systemen werden damit nur in Teilaspekten möglich sein.

Einige Angaben vergleichbarer Systeme sind in Aufsatz 3 enthalten. Anlagen vergleichbarer Leistungsanforderungen liegen damit deutlich in der obersten Größenordnung - 2 x IBM/ 360-65 (nur für Stapelbetrieb !) oder 2 x IBM/ 370-155 (mit eigens dafür konzipiertem Betriebssystem). Weiter kann man der Literatur über - nicht-juristische - Informationssysteme im Allgemeinen bzw. umfangreiche Datenbankabfragesysteme mit vielen On-line Benutzern ebenfalls die Bestätigung entnehmen, daß für die Sparte Retrieval-Systeme mit vielen Dialogbenutzern Installationen mit den größten vorhandenen Universalmaschinen existieren, z.B. das von [Mancini 1974]beschriebene und auch in [Stanley 1968] schon untersuchte Skylab Terminal System verwendet 5 (!) Stück IBM/ 360-75 bei Zugriff zu 1 Milliarde Zeichen für 30 Benutzer.

Aus nächster Nähe innerhalb der GMD vorhandene Erfahrungen und Erkenntnisse, die zum Teil auch auf systematischen Untersuchungen basieren, zeigen etwa folgendes Bild:

Eine /37o-168 mit 3MB(1MB = 1o24 KB = 1o48 576 Bytes)Hauptspeicher zeigt für TSO-(Time-Sharing)-Betrieb häufig Degradationserscheinungen, d.h. das Antwortverhalten ist extrem verschlechtert. Dabei sind größenordnungsmäßig 3o-4o TSO-Benutzer aktiv, und die Gründe liegen wohl in den durch schweren

Stapelbetrieb verursachten Engpässen (Universitätsrechenzentrum, Stapeldurchsatz ca. 2ooo Jobs in 12 h), der besonders auch die Massenspeicher und Kanäle überlastet; das Betriebssystem wurde ursprünglich nicht für Echtzeit-Dialogverkehr konzipiert.

Durch Messungen an einer Siemens 4oo4-151 mit 2MB Hauptspeicher unter Editier - und Datenbankbelastung (EDOR bzw. FIDAS) läßt sich der Beginn von Degradationserscheinungen bei jeweils 4o bzw. 2o Benutzern nachweisen. Dabei sind offensichtlich noch keine Aussagen der Einflüsse von stärkerem Datenvolumen (Zugriffe etwa bei 1 Milliarde Zeichen) oder stärkerer CPU-Belastung durch komplizierte Suchfunktionen zu machen (mündl. Mitteilungen aus GMD-Abt.RZ).

Kapitel 2. Bewältigung großer Textmengen

2.1 Einleitung

Die Bewältigung großer Textmengen beim Aufbau und vor allem bei der Benutzung von Dokumentationssystemen wird über deren Erfolg oder Mißerfolg mitentscheiden. Daher ist gründliche Untersuchung der Probleme erforderlich.

Unter Bewältigung wird hier nicht die technische Verarbeitbarkeit verstanden, deren Geschwindigkeit oder deren Massengrenzen, sondern die Bereitstellung von Texten nach inhaltlichen Kriterien.
Jede inhaltliche Bewältigung hat sich an den Benutzern des Systems zu orientieren; diesen Benutzern müssen letztlich auf ihre Fragen und Aufforderungen hin Dokumenteninhalte zur Verfügung gestellt werden.

Die Bereitstellung von Dokumenten nach deren Inhalt ist für ein juristisches Dokumentationssystem durch zwei Merkmale gekennzeichnet, die sich beide erschwerend auf die Verwirklichung auswirken: Zum einen hat ein System wie JURIS sehr viele Dokumente bereit zu halten. Zum anderen handelt es sich bei diesen Dokumenten um solche mit juristischen Texten. Deren Sprache ist durch eine sehr hohe Überschneidung des verwendeten Wortmaterials mit der Allgemeinsprache geprägt, eine Besonderheit gegenüber anderen Fachgebieten und anderen Fachsprachen.

Auch wenn in der vorliegenden Arbeit Probleme der inhaltlichen Bewältigung behandelt werden sollen, muß die Verwirklichung im Auge behalten werden. Diese Verwirklichung erfolgt mit Information-Retrieval-Systemen auf Computerbasis.

Diese Art der Realisierung bringt es mit sich, daß Inhalte stets durch Zeichen dargestellt werden müssen; alles was nicht durch Zeichen darstellbar ist, die von Computern des jetzigen Typs verarbeitet werden können, muß als nichtdarstellbar außer Betracht gelassen werden. Die Verbindung von Zeichen mit Dokumenten als Anknüpfungsmittel für Inhalte ist unumgänglich.

2.2 Automatik als Verfahrensmerkmal

Die mit der inhaltlichen Bewältigung im hier gebrauchten Sinne zusammenhängenden Probleme lassen sich auch betrachten als Probleme der Formalisierung von Inhalten, als formale Darstellung von Inhalten.

Die verschiedenen Ansätze sind bereits ebenso beschrieben worden, wie Versuche, die Bindung von Zeichen an Dokumente so zu gestalten, daß ein Retrievalbenutzer mit vertretbarem Aufwand und angemessener Genauigkeit Dokumente nachgewiesen erhält. Die Liste dieser Beschreibungen soll nicht verlängert werden. Hier wird es vielmehr unternommen, die im Projekt JURIS eingesetzten Probleme unter dem Blickwinkel des automatischen Ablaufs zu betrachten und zu vergleichen.

Dem Aspekt des automatischen Ablaufs eines Verfahrens kommt gerade bei großen Textmengen erhebliche Bedeutung zu.

Mit "Automatik" oder "automatisch" wird die Eigenschaft eines Verfahrens bezeichnet, ohne gestalteten Eingriff eines Menschen so ablaufen zu können, daß bei gleichem Ausgangsmaterial gleiche Ergebnisse erzielt werden.

2.2.1 Gruppen von Erschließungsverfahren

An dem Merkmal Automatik gemessen lassen sich verschiedene Gruppen bilden: einerseits die manuellen Methoden der Beschlagwortung von Dokumenten ohne und die mit Thesaurus (coordinate indexing), sowie die Einordnung von Dokumenten in ein Klassifikationsschema und andererseits die Systeme, die den Dokumenten Wörter zuordnen, welche dem Wortlaut der Dokumente selbst entsprechen (z.B. STAIRS, PASSAT).
Zur letzten Gruppe ist auch das für den Corte Suprema di Cassazione in Rom entwickelte System zu rechnen, bei welchem nicht die Dokumentenwörter selbst zur Inhaltskennzeichnung zugeordnet werden, sondern die einem vorher intellektuell erstellten Thesaurus entnommenen Kombinationen von Grundwörtern der Sprache, mit denen Textwörter übersetzt werden. Die Gegenüberstellung der Verfahrensansätze wird auch mit intellektueller Erschließung einerseits und automatischer Erschließung andererseits überschrieben.
In eine dritte Verfahrensgruppe gehört das, was als Dokumentenclustering bezeichnet wird.

2.2.2 Auswirkungen der Verfahren

Die Unterscheidung zwischen automatisch ablaufenden Verfahren und den sogenannten intellektuellen wird hier nicht um der Systematisierung willen getroffen. Vielmehr haben diese Unterschiede Einfluß auf eine Reihe von Faktoren, deren Auswirkungen nicht zu unterschätzen sind. Diese Faktoren betreffen die finanziellen Mittel, die eingesetzt werden müssen; sie betreffen ferner den Aufwand an Zeit und schließlich die Gleichmäßigkeit der erzielten Ergebnisse.

Die Gleichmäßigkeit der Ergebnisse ist für automatische Verfahren ex definitione gegeben. Anders bei intellektuellen Verfahren; hier sind nicht nur intersubjektive Unterschiede bisher unvermeidlich, sondern auch unterschiedliche Ergebnisse bei der Bearbeitung durch eine Person zu verschiedenen Zeitpunkten zu beobachten (sogenannte diachronische Differenzen). Diese Ungleichmäßigkeit muß sich nachteilig auf die Suchergebnisse auswirken.

Der Zeitaufwand, der mit dem Einsatz eines Erschließungssystems verbunden ist, wird sich im allgemeinen auf Suchergebnisse nur so auswirken können, daß Dokumente noch nicht eingespeichert sind und daher auch (noch) nicht gefunden werden können. Der Zeitaufwand eines Verfahrens kann jedoch über die Kosten ein System unpraktikabel machen. Dies ist beispielsweise derzeit bei solchen automatischen Verfahren der Fall, die zur Bearbeitung eines neu in die Datenbank aufzunehmenden Dokuments einen Vergleich mit allen Dokumenten des Bestandes erfordern. Hier ist ein kontinuierliches Wachsen wegen des damit verbundenen Aufwandes sehr kostenträchtig und damit praktisch undurchführbar.

Die einzusetzenden Mittel werden stark steigen, wenn menschliche Bearbeitung erforderlich ist. Daher ist die Frage intellektueller oder menschlicher Bearbeitung von großer Kostenrelevanz.

2.3 Anwendung auf JURIS

In JURIS werden bisher verschiedene Verfahren zur Inhaltserschließung verwendet, und zwar teils nebeneinander, teils in Kombination.

2.3.1 Verfahren in den Teilprojekten

Das Teilprojekt Sozialrecht arbeitet mit PASSAT in seiner einfachsten Version: Textwörter werden mit den Eintragungen in einer Positivliste verglichen, wobei die Wortformen des Textes auf Grundformen reduziert werden; Komposita werden - sofern sie nicht in der Positivliste enthalten sind - in nomina simplicia zerlegt. (Die in PASSAT vorgesehene Möglichkeit der Assoziationsmatrix wird nicht ausgeschöpft.) Die Indexierung besteht also aus den Grundformen der Textwörter und ggf. zusätzlich den Bestandteilen der Komposita. Besonders hervorgehoben werden muß dabei, daß in diesem Teilprojekt (bisher) **nicht** der Volltext der Dokumente automatisch bearbeitet wird, sondern ein intellektuell geschaffenes Abstract aus wenigen Sätzen. Neben diesem automatischen Teil werden die Dokumente ergänzend mit sogenannten freien Schlagwörtern gekennzeichnet. Das sind nicht im Abstract enthaltene Bezeichnungen, die dem Dokumentar für das spätere Wiederfinden der Dokumente aufgrund seiner Kenntnis der gesamten Entscheidung notwendig erscheinen. Schließlich wird das Dokument mittels einer groben Sachgebietsgliederung klassifiziert.

Das Teilprojekt Steuerrecht arbeitet im Grundsatz ähnlich, wenn auch die einzelnen Komponenten des Erschließungsprozesses anders durchgearbeitet und auch anders gewichtet sind.

Einen wesentlichen Teil bildet das System STAIRS, welches nach der Wortlautmethode arbeitet: Jedes Wort der im vollen Text eingespeicherten Dokumente ist Suchkriterium und zwar so, wie das Wort - die Zeichenkette - im Dokument steht. Es erfolgt keine Wortformreduktion. Auch hier können die dem Wortlaut des Dokuments automatisch entnommenen Suchkriterien um sogenannte freie Schlagwörter ergänzt werden. Neben dem Wortlaut des Textes ist Haupterschließungsinstrument die sogenannte Problemkreisgliederung, ein eigens für diese Zwecke ausgearbeitetes Klassifikationsschema, das - vom Gesetzesaufbau und von der Gesetzessystematik ausgehend - bis zum feinsten Detailproblem gegliedert die Probleme des Steuerrechts hierarchisiert.

2.3.2 Ähnlichkeit der Verfahren

Unter dem hier interessierenden Gesichtspunkt der Bewältigung großer Textmengen sind die in den beiden Teilprojekten verfolgten Ansätze der Inhaltserschließung im Grundsatz gleich. In beiden Fällen werden automatische Verfahren eingesetzt, ohne jedoch dadurch die intellektuelle Bearbeitung der Dokumente zu ersetzen.

Im Teilprojekt Sozialrecht wird das System PASSAT auf intellektuell erzeugte Abstracts angesetzt. Subjekt des automatischen Verfahrens ist also eine intellektuell hergestellte Kurzfassung. Hier ist im Vergleich zur manuell-intellektuellen Indexierung nur eine geringe Verschiebung eingetreten, indem der Dokumentengehalt statt in Wörtern in Sätzen des Abstracts ausgedrückt wird. Die Gleichmäßigkeit des automatischen Verfahrens kann sich hier nicht zeigen, weil die Ergebnisse die Streuung und die Ungenauigkeiten der intellektuell gebildeten Eingabe, der Kurzfassung, wiederspiegeln müssen.

Die automatische Volltextbearbeitung im Teilprojekt Steuerrecht vermeidet in diesem Punkt die Nachteile intellektueller Bearbeitung. Sie bleibt jedoch aus anderem Grund erforderlich, nämlich zur Klassifizierung der Dokumente mit der Klassifikation Problemkreisgliederung.

Beide Teilprojekte von JURIS stützen sich also schwergewichtig auf intellektuelle Bearbeitung der Dokumente, während automatische Verfahren mehr unterstützend oder nach einer intellektuellen Aufbereitung eingesetzt werden.

2.3.3 Nicht ausreichende Formen automatischer Erschließung

Wenn durch automatische Verfahren lediglich die Wörter der Dokumente in Listen alphabetisch sortiert bereitgestellt werden, liegt keine ausreichende Inhaltserschließung vor.

Die von PASSAT vorgenommenen Reduktion auf Grundformen verdichtet das Wortmaterial zwar, jedoch reicht auch die grammatische Zusammenführung nicht aus. Dieser Effekt kann zudem zum Teil auch mit einer Endemaskierung erfüllt werden, sofern die Länge der Maske - wie etwa in STAIRS - begrenzbar ist.

Auch die Aufspaltung der Komposita ist zu einem Teil durch eine in der Länge unbegrenzte Maskierung (Truncation) lösbar. Jedoch sind auf diese Weise nur die Komposita mit gleichem Bestimmungswort fassbar, weil in deutschen Komposita das Bestimmungswort vor dem Grundwort steht.
Will man alle Wörter mit gleichem Grundwort haben, muß eine Anfangsmaskierung möglich sein, deren Ausführung allerdings zeitaufwendiger ist.

2.4 Ergebnis

Die kurze Betrachtung der in den Teilprojekten von JURIS eingesetzten Methoden der Inhaltserschließung zeigt, daß bisher keine Tendenz sichtbar ist, die intellektuelle Bearbeitung der Dokumente durch eine automatische zu ersetzen. Das aber hat zur Folge, daß größere Textmengen nicht optimal verarbeitet werden können, wobei neben dem außerfachlichen Gesichtspunkt der Kosten vor allem dem fachlichen Einwand fehlender Gleichmäßigkeit der erzielbaren Ergebnisse Bedeutung zukommt.

Das mögliche Gegenargument, daß bisher keine geeigneten automatischen Verfahren einsetzbereit sind und deshalb auf die herkömmliche intellektuelle Bearbeitung nicht verzichtet werden kann, darf auf die Dauer keine Rechtfertigung bleiben. Solche Verfahren müßten gesucht und erforscht, deren

Vor- und Nachteile müssen im praktischen Test erprobt werden. Bisher sind Bemühungen in dieser Richtung allenfalls sehr gedämpft betrieben worden, was sich nachteilig auf das Gesamtsystem auswirken muß, auf seinen Nutzen, seine Erfolgsaussichten und seine Begründetheit insgesamt.

Kapitel 3. Benutzerschnittstelle

Mit dem Wort Benutzerschnittstelle soll hier der logische Ort in einem Dokument-Retrievalsystem bezeichnet werden, wo die Kommunikation zwischen dem Benutzer und dem System stattfindet. Es geht hier weder um die Schnittstelle für den Aufbau der Datenbank, noch geht es um eine Schnittstelle, die zur Implementierung zusätzlicher Abfragemöglichkeiten erforderlich ist (multi user exit).
Das Wort Benutzerschnittstelle wird hier als Synonym zu Abfragesprache gebraucht.

3.1 Bedeutung der Abfragesprache

Die Abfragesprache ist das Instrument, das die Kommunikation zwischen dem Benutzer und dem System ermöglicht. Ohne in die Tiefen der Lernpsychologie einzudringen, kann die Behauptung aufgestellt werden, daß die Leistungsfähigkeit der Abfragesprache die Effizienz des Systems für den Benutzer beeinflußt. Die Bedeutung der Abfragesprache kann man mit dem Bild der Abfragesprache als Schlüssel zum System beschreiben. Es ist also durchaus sinnvoll, sich mit den Problemen von Abfragesprachen zu befassen.

Ein wesentlicher Nachteil der bisherigen Realisierungen von Information-Retrievalsystemen, die im Dialogbetrieb arbeiten, zeigt sich darin, daß Benutzer mit EDV-Erfahrung viele Stunden benötigen, um sich in die Sprache des Systems einzuarbeiten. Ein System wie JURIS, das nicht nur für Spezialisten konzipiert wird, muß deshalb größten Wert auf diesen Punkt legen. Auch wenn man die Planungen realistisch nicht darauf ausrichten sollte, daß jeder auch ohne Einführung das System benutzen kann, so muß doch vermieden werden, daß selbst erfahrene Benutzer ihre Anfragen erst in natürlicher Sprache formuliert an eine Zentralstelle senden, um nach Tagen eine Antwort zu erhalten.

Ein solches System würde für den Endbenutzer wie ein Batchsystem fungieren, ohne Dialogmöglichkeiten jedoch wäre seine Einsatzfähigkeit entscheidend verringert.

In den folgenden beiden Unterkapiteln (3.2 und 3.3) wird die Dialogsprache von verschiedenen Standpunkten aus betrachtet. Zunächst werden Forderungen formuliert, die sich auf die einzelnen Befehle beziehen; die einzelnen Elemente der Abfragesprache und deren Ineinandergreifen werden betrachtet. Demgegenüber steht im zweiten Teil der Dialog als Prozeß im Vordergrund.

3.2 Forderungen zu den einzelnen Befehlen

Hier werden die wichtigsten Forderungen zusammengestellt. Eine ausführlichere Darstellung, die auch positive und negative Beispiele aus konkreten Systemen enthält, findet sich im Beitrag 4 dieses Heftes (Stellmacher).

Fragt man sich, welche Eigenschaften die Abfragesprache eines Retrieval-Systems haben muß, so ergeben sich zunächst die folgenden drei Hauptforderungen:

- Leichte Erlernbarkeit und Einfachheit
- Leistungsfähigkeit und Benutzerkomfort
- Sicherheit und Fehlerunanfälligkeit

Zu diesen Hauptforderungen lassen sich nun eine Reihe von Einzelforderungen aufstellen, die alle zur Erfüllung der Hauptforderungen beitragen können.

3.2.1 Leichte Erlernbarkeit und Einfachheit

Soll die Sprache leicht erlernbar sein, so darf sie nicht zu viele Befehle enthalten. Diese dürfen außerdem nicht zu kompliziert sein. Der Befehlscode muß mnemotechnisch gut aufgebaut sein.
Alle Befehle sollten nach einem einheitlichen Stil konstruiert sein.

Der Wirkungstyp eines Befehls muß auch in der äußeren Form des Befehls zum Ausdruck kommen. So gibt es z.B. Befehle mit einmaliger Wirkung und solche mit voreinstellender Wirkung.
Diese beiden Typen sollten sich äußerlich klar unterscheiden.

Sowohl die Syntax (Befehlsformat) als auch die Wirkungsweise eines Befehls sollten einfach beschreibbar sein, damit sie leicht merkbar sind.
Die Beschreibung eines Befehls sollte nach Möglichkeit den Umfang einer Seite nicht überschreiten.

Eine Eigenschaft, die die Lernbarkeit sehr beeinflußt, ist die "semantische Kontextfreiheit".
Darunter ist zu verstehen, daß ein Sprachelement in jedem Befehl, in dem es vorkommen kann, die gleiche Bedeutung haben soll.
Das Gegenstück zu dieser Eigenschaft ist die Einheitlichkeit der Syntax bei Spezifikationen mit gleicher Bedeutung.
Sind z.B. Suchbegriffe in gewissen Befehlen maskierbar, so sollten sie in allen Befehlen maskierbar sein, in denen sie vorkommen können. Sprachelemente mit gleicher Semantik sollten also gleiche Syntax haben und umgekehrt.

Stark beeinträchtigt wird die Erlernbarkeit durch Einschränkungen qualitativer und quantitativer Art, besonders durch solche, die vom Benutzerstandpunkt willkürlich und nicht einsehbar sind. Neben der Sytax und Wirkung der Befehle muß sich der Benutzer auch noch die Einschränkungen merken.
Man sollte also fordern, daß die Abfragesprache keine lästigen Einschränkungen enthält.

Damit sich der Benutzer die Befehle leicht merken kann und dieselben leicht und schnell eingeben kann, sollten sie möglichst kurz sein. Dazu gehört, daß sie keine unnötige Redundanz enthalten sollten.

Eine Möglichkeit, die Befehle kurz zu halten, besteht darin, daß man alle Schlüsselwörter, also Kommando- und Parameternamen, so weit abkürzen kann, wie noch Eindeutigkeit vorhanden ist.
Eine andere Möglichkeit wäre, neben den Langnamen auch Kurznamen für jedes Schlüsselwort einzuführen.

Die Normalfälle und die wichtigen Spezialfälle, die häufig verwendeten Funktionen entsprechen, sollten durch besonders kurze Befehle ausdrückbar sein.
Auch von der Weglassbarkeit von Kommandonamen (bei mehrfacher Eingabe von Kommandos desselben Typs) und von Parametern sollte Gebrauch gemacht werden.
Dadurch lassen sich die Befehle ebenfalls erheblich verkürzen.

Durch gleichmäßige "Auslastung" der Befehle erreicht man, daß keine zu komplizierten Befehle entstehen. Es sollte also in einen Befehl nicht zu viel an Leistungen hineingepackt werden.

Die Befehle sollten außerdem sinnvoll abgegrenzt sein.
Für gleiche oder ähnliche Funktionen sollte nur ein Befehl existieren;für unterschiedliche Funktionen sollte es auch unterschiedliche Befehle geben. Sonst wird die Übersicht unnötig erschwert.

Alle wichtigen Spezialfälle der Befehle sollten gut herausgearbeitet sein. Dadurch ergibt sich eine gut abgestufte Hierarchie zwischen Allgemeinfall und Spezialfall.

Was für die einzelnen Befehle gilt, gilt auch für den gesamten Dialogablauf. Dieser sollte nicht zu umständlich sein.
Der Benutzer muß schnell zum Ziel kommen können.

Dazu müssen leistungsfähige Befehle existieren, mit denen man viel in einem Schritt erledigen kann.

Eine komfortable Dialogführung ergibt sich durch die Definierbarkeit von Kommandos durch den Benutzer.
Kommandofolgen können so über einen Namen aufgerufen und ausgeführt werden.

3.2.2 Leistungsfähigkeit und Benutzungskomfort

Die Wirkungen der Befehle und der Dialogablauf sollten weitestgehend vom Benutzer steuerbar sein.
Es sollte möglichst wenige systemspezifische Festlegungen geben. Diese könnten jedoch bei Anfängern nützlich sein, da diese noch nicht den vollen Leistungsumfang des Systems ausschöpfen können.

Die Wirkung eines Befehls sollte sowohl im Befehl selbst als auch durch Voreinstellungen festlegbar sein.
(Bei voreingestellten Parametern kann der Befehl kürzer sein).

Für Befehle sollte es mehrere verschiedene Eingabemöglichkeiten geben. (Lang- und Kurzformen, Direktwerte und Indirektwerte, Schlüsselwort- oder Positionsparameter).

Der Dialog sollte nicht in verschiedene Zweige getrennt sein, zwischen denen man nicht beliebig wechseln kann.

Nach Möglichkeit sollte jeder Befehl in jeder Dialogsituation eingebbar sein.
Jedoch sollte man, falls man im selben Dialogzweig bleibt, mit kürzeren Befehlen auskommen.
Jedes bereits gewonnene Suchergebnis sollte im weiteren Dialogverlauf weiter- bzw. wiederverwendbar und auch weiterverarbeitbar sein.

Dabei sollte die Weiterverarbeitung sowohl im selben Dialog als auch in einem späteren Dialog möglich sein.
Alle Ergebnisse müßten also abspeicherbar sein.

Das System sollte so aufgebaut sein, daß auch alle Such- und Anzeigenmöglichkeiten, die von der Konzeption her möglich sind, ausgenutzt werden können.
Alle Ergebnisse und alle wichtigen gespeicherten Daten sollten anzeigbar sein, ebenso alle bereits eingegebenen Befehle (Dialogprotokoll).

Der Benutzer sollte eine Anweisung modifizieren bzw. korrigieren können, ohne sie komplett neu eingeben zu müssen.

Besonders wichtig ist auch die Anpassungsfähigkeit des Systems an den Kenntnis- und Erfahrungsstand des Benutzers.
Die verschiedenen Benutzergruppen (Anfänger, Normalbenutzer und Fortgeschrittene) müssen auch verschieden, angemessen bedient werden können.
Der Anfänger braucht vor allem umfangreiche Hilfe-Funktionen mit ausführlichen Erläuterungen.
Ihm sollte das Vorgehen nach einem vorgefertigten Standard-Dialog angeboten werden.
Das System sollte ihm Vorschläge zur Fortsetzung des Dialogs machen.

Dem Fortgeschrittenen muß die Möglichkeit gegeben werden, Kommandos selbst zu definieren, mehrere Kommandos in einem Schritt einzugeben, Schritte zu überspringen und Hilfe-Funktionen auszuschalten.

Je nach Kenntnisstand sollte der Benutzer sich wahlweise schneller oder langsamer an das gewünschte Ergebnis heranarbeiten können. Er sollte sich sowohl in vorgefertigten Bahnen (Standard-Dialog) als auch in einem selbst frei gestalteten Dialog bewegen können.

3.2.3 Sicherheit und Fehlerunanfälligkeit

Zur Sicherheit beim Umgang mit dem System gehören vor allem umfangreiche Hilfe-Funktionen.
Diese sollten globale (statische) und aktuelle (situationsabhängige) Angaben enthalten.
Dazu gehören die Auskunft über die überhaupt möglichen Befehle, Angaben über die Datenbank, Auskunft über die im speziellen Dialogzustand möglichen Befehle und die Beschreibung der aktuellen Situation (z.B. Anzeige der Voreinstellungen).

Ebenso wichtig ist es, daß jederzeit eine Rückschau auf den bisher geführten Dialog möglich ist.

Ein weiterer Punkt ist die vernünftige Reaktion des Systems auf falsche Eingaben.
Auf schwerere Fehler des Benutzers sollte das System mit gut verständlichen Fehlermeldungen reagieren.
Gegenüber leichteren Fehlern sollte das System nach Möglichkeit stabil sein, d.h. es sollte die Absicht des Benutzers erraten können und selbsttätig gültige Werte einsetzen, dem Benutzer anzeigen und danach mit diesen die Anweisung ausführen, wobei ein Abbruch durch den Benutzer möglich sein muß.
Wichtig ist in dem Zusammenhang, daß derselbe Fehlertyp auch stets gleich behandelt wird. (Also nicht in einem Fall automatische Korrektur, in einem anderen Fall Fehlermeldung).
Auf keinen Fall sollte ein Fehler zum Abbruch des Dialogs führen.

Zur Sicherheit gehört auch, daß im Laufe des Dialogs keine ausweglosen Situationen entstehen.
Auch der Anfänger muß stets eine Möglichkeit haben, den Dialog irgendwie fortzusetzen.
Dazu könnten auf dem Bildschirm Hinweise auf mögliche Fortsetzungen des Dialogs gezeigt werden, die stets sichtbar sind.

Ein weiterer Punkt ist der, daß nie ein Mißverständnis über den aktuellen "Kommunikationszustand" aufkommen sollte.
Wenn also z.B. der Benutzer irrtümlicherweise noch eine Ausgabe bzw. die Fortsetzung einer Ausgabe erwartet, die aber nicht kommt, so sollte ihm das System in dieser Situation anzeigen, daß die Bearbeitung des letzten Kommandos beendet ist und es nun seinerseits eine Eingabe erwartet.

Kommandos ohne sichtbare Wirkung, d.h. ohne Ausgabe, sollten daher zumindest mit einer Vollzugsmeldung abgeschlossen werden.

3.3 Forderungen zum Dialogfluß

Die Sorgfalt bei der Konzeption einer Abfragesprache darf nicht bei der Festlegung der einzelnen Befehle enden, vielmehr muß auch der Dialog als Prozeß berücksichtigt werden. Eine Möglichkeit, den Dialog flüssig zu gestalten, ist die vorbereitete Ausgabe von Befehlen, die als mögliche Fortsetzung des bisherigen Dialogs in Frage kommen könnten. Dabei kann ein vollständiger Befehl in Frage kommen, wo bereits alle Parameter eingesetzt sind, oder aber eine Befehlshülle, die aus den starren Befehlsteilen besteht und in die der Benutzer seine eigenen Werte einsetzt.

In die gleiche Richtung zielt es, wenn man zur Abkürzung des Dialogs mehrere Kommandos in einem Schritt eingeben oder wenn man Dialogschritte überspringen bzw. zusammenfassen kann.

Die Befehle sollten so aufgebaut sein, daß die mehrfache Eingabe ein und desselben Befehls nicht nötig ist. In solchen Fällen sollte vielmehr die Eingabe eines einzigen Befehls mit Aufzählung ausreichen.

Unnötige Zwischenschritte, wie zwischen Oberkommando und zugehörigem Unterkommando, sollten dadurch überspringbar sein, daß das Unterkommando direkt an das Oberkommando anschließbar ist.

Dem Dialogfluß dient es, wenn der Benutzer in einen neuen Befehl Textteile einbeziehen kann, die das System als Ausgabe bereits erzeugt hat. Er muß dann nicht den gesamten Befehl neu schreiben. Hierbei geht es nicht darum, in einem Befehl auf bereits vorher gewonnene Suchergebnisse Bezug nehmen zu können, sondern um den einfacheren aber keineswegs trivialen Fall, in einen neuen Befehl den bereits auf dem Bildschirm ausgegebenen Text einbeziehen zu können. Die Verwirklichung dessen setzt voraus, daß vor einem neuen Befehl nicht der gesamte Bildschirm gelöscht werden muß oder vom System gelöscht wird.

Hinter dieser Forderung steht der Wunsch, möglichst wenig schreiben zu müssen, um den Dialog zu beschleunigen und Fehlerquellen zu vermeiden. Hieraus läßt sich eine weitere Forderung ableiten: Das System muß den Text eines fehlerhaft eingegebenen Befehls entweder zusammen mit der Fehlerbemerkung wieder ausgeben oder es darf den Text nicht löschen oder überschreiben. Wird dies nicht beachtet, muß der Benutzer unter Umständen eine oder mehrere Zeilen nur deshalb neu schreiben, weil ihm irgendwo ein sytaktischer Fehler unterlaufen ist. Dieser Aufwand ist vermeidbar. Als komfortabel kann man es bezeichnen, wenn ein System nicht nur den syntaktischen fehlerhaften Befehl wieder ausgibt, sondern zusätzlich die (erste) fehlerhafte Stelle kennzeichnet und gar den Cursor als Schreibposition dorthin positioniert.

Das soeben beschriebene Prinzip, bereits Geschriebenes nicht nochmals schreiben zu müssen, sollte auch angewandt werden, wenn ein falscher oder ein nicht eindeutiger Befehlscode eingegeben worden ist. Das System sollte in solchen Fällen die möglichen korrekten Befehle derart aufbereitet ausgeben, daß der Benutzer nur noch durch entsprechende Positionierung des Cursors oder durch Eingabe einer vom System vorgegebene Zahl den von ihm gewünschten Befehl kennzeichnen muß.

3.4 Standard-Suchstrategien

Es genügt jedoch nicht, daß die Abfragesprache einfach, leicht erlernbar, leistungsfähig und fehlerunanfällig ist und daß sie alle für die Suche in juristischen Dokumenten sinnvollen Suchfunktionen enthält; der Benutzer muß mit ihr auch zweckentsprechend umgehen können. Hierzu reicht es wiederum nicht aus, ihm alle Funktionen zu erklären, ihm die Booleschen Operatoren UND, ODER und UND NICHT beizubringen und ihn dabei vor dem Operator UND NICHT ausgiebig zu warnen, der häufig genug anders wirkt, als sich der unerfahrene Benutzer vorstellt; bei Systemen mit vielen Benutzern, die der DV und oft genug auch der formalen Logik unkundig sind, sind Suchstrategien unerläßlich, die einfach sind und der Mehrzahl der Anfragenden in der Mehrzahl der Fälle auf schnelle Weise brauchbare (nicht unbedingt die bestmöglichen) Ergebnisse bringen.

Solche standardmäßigen Suchstrategien sind bisher nicht bekannt. In den folgenden Abschnitten werden drei Kandidaten für die Suche im Text von Dokumenten vorgestellt (zur Ausnutzung bibliographischer Angaben usw. sind andere Suchfunktionen erforderlich); ob sie sich eignen, ist eine wichtige Forschungsaufgabe für die nächsten Monate oder vielleicht Jahre.

3.4.1 Standardformen der Booleschen Verknüpfung

Das Problem des Benutzers besteht meistens in der Konfrontation verschiedenartiger Dinge miteinander. Er möchte selten "alles über die Maikäfer" wissen, sondern seine Frage geht z.B. dahin, ob eine Vorschrift V auf den Sachverhalt S anwendbar ist, wenn die besonderen Umstände U vorliegen, oder wie zwei Vorschriften V_1 und V_2 gegeneinander abzugrenzen sind, oder unter welchen Umständen ein Sachverhalt S unter ein Tatbestandsmerkmal T zu subsumieren ist.

Für jeden Bestandteil des Problems (V, S und U im ersten Beispiel, V_1 und V_2 im zweiten, S und T im dritten) wird nun eine Reihe von Wörtern (oder Phrasen) gesucht, die ihn einzeln mehr oder weniger gut umschreiben und von denen man erwarten kann, daß mindestens eins in jedem einschlägigen Dokument vorkommt. So beschreibt man vielleicht V durch den Namen N und durch die Kurzbezeichnung K der Vorschrift sowie durch ein Wort W, das den wesentlichen Inhalt charakterisiert; für S findet man neben der nach eigener Meinung korrekten Bezeichnung einen Oberbegriff und zwei oder drei Wörter, die eine ähnliche Bedeutung haben. Die für jeden Bestandteil gefundenen Wörter werden nun mit ODER verknüpft, die Resultate mit UND. Im ersten Beispiel sucht man also Dokumente, die sowohl über die Vorschrift V etwas aussagen (nämlich mindestens eine der drei Bezeichnungen N, K und W enthalten), als auch über S und über U etwas. Damit bekommt die Suchanfrage etwa das folgende Aussehen:
(N ODER K ODER W) UND (B ODER O ODER C ODER D) UND (U ODER V ODER X)

Diese UND-Verknüpfung von ODER-Gruppen wird von professionellen Rechercheuren häufig angewandt; ob sie für ungeübte Benutzer einfach genug ist und ausreichende Ergebnisse erbringt, muß noch untersucht werden.

Natürlich kann der etwas geübtere Benutzer in den ODER-Gruppen auch die sogenannten metrischen Operatoren (Abstandsoperatoren, z.B. "im selben Absatz" oder "unmittelbar gefolgt von") verwenden; er muß es sogar häufig, wenn der gewünschte Begriff durch eine Phrase beschrieben wird.

3.4.2 Rangfolgesortierung

Verschiedene Dokumentationssysteme bieten Algorithmen an, um die bei einer Suchfrage gefundenen Dokumente in eine Rangreihenfolge zu bringen. Dazu erhält jedes Suchwort der Suchfrage ein Gewicht. Die Gewichte der in einem Dokument vorkommenden Suchwörter werden aufsummiert und ergeben das Gewicht des Dokuments. Die Dokumente werden dann in der Reihenfolge ihrer Gewichte ausgegeben, bei gleichem Gewicht in einer durch die Programmierung festgelegten Reihenfolge (z.B. in der Reihenfolge, in der sie in der Datenbank vorkommen oder in einer Reihenfolge, die sich bei der Sortierung scheinbar zufällig ergibt).

Das Gewicht eines Wortes in einem Dokument kann auf den folgenden Werten beruhen:

a) Zahl der Dokumente in der Datenbasis, die das Suchwort enthalten.
b) Häufigkeit des Suchwortes in der Datenbasis.
c) Zahl der gefundenen Dokumente, die das Suchwort enthalten.
d) Häufigkeit des Suchwortes in den gefundenen Dokumenten.
e) Häufigkeit des Suchworts im vorliegenden Dokument.
f) Vom Benutzer einzugebendes Gewicht.

Diese Werte gehen dann in geeignete Formeln ein; z.B. ist bei Benutzung von b) ein logarithmisches Maß üblich:

$$g_i = - \log h_i ,$$

wobei h_i die Häufigkeit und g_i das daraus resultierende Gewicht des i-ten Suchwortes ist.

Von den gesamten Werten sind a) und b) von der Suchfrage unabhängig, c) bis e) sind unabhängig von den Dokumenten, die sich nicht qualifiziert haben, und nur e) hängt von Häufigkeiten innerhalb des zu gewichtenden Dokuments ab.

Es besteht die starke Hoffnung, daß durch eine geeignete Gewichtung der Suchwörter ein einfaches Verfahren entsteht, durch das der Benutzer in vielen Fällen schnell zu brauchbaren Ergebnissen kommt. Er müßte dann sein Problem durch eine größere Zahl verschiedener Wörter umschreiben, diese werden mit ODER verknüpft (wenn er schon etwas mehr Erfahrung hat, kann er auch andere Operatoren verwenden, jedoch soll er die Ergebnismenge dadurch nicht auf zu wenige Dokumente einschränken), und die gefundenen Dokumente werden nach ihren Gewichten sortiert. Bei einem guten Algorithmus sollten dann unter den ersten Dokumenten besonders viele einschlägige sein. Allerdings stimmt die Rangfolgesortierung (das "Ranking") sicherlich nicht mit der Bewertung durch den Benutzer genau überein; wenn er an einige uninteressante Dokumente kommt , sollte er sich trotzdem die nächsten auch noch ansehen.

Nun liefert keinesfalls jeder vernünftig aussehende Algorithmus auch vernünftig aussehende Resultate. Schon die ersten Versuche mit den fünf Algorithmen, die STAIRS anbietet, ergaben, daß die Verfahren B, C und E anscheinend recht brauchbar sind, während D und noch stärker A manchmal zu ganz unsinnigen Ergebnissen führen. So tauchte in einem Fall bei Algorithmus A das Dokument, nach dessen Leitsatz die Suchfrage formuliert war, erst an 127. Stelle auf (von 1oo3 Dokumenten in der Datenbasis), und ausgerechnet diesen Algorithmus verwendet STAIRS, wenn der Benutzer nicht ausdrücklich einen anderen auswählt!

Vergleichende Untersuchungen verschiedener Algorithmen sind bisher nicht bekannt; insbesondere weiß man nicht, ob solche mit Benutzergewichtungen - Typ f) in der obigen Aufzählung -, die dem Benutzer mehr Überlegungen als die anderen abverlangen, auch die besseren Ergebnisse erbringen.

Erforderlich ist dabei zweifellos eine Verknüpfbarkeit der Rangfolgesortierung mit Booleschen und metrischen Operatoren; die TELDOK-Alternative entweder Benutzergewichtung oder Boolesche Operatoren ist unverständlich.

3.4.3 Abfrage in natürlicher Sprache

Am einfachsten wäre es natürlich, wenn der Benutzer sein Problem in seiner eigenen Sprache frei formulieren könnte. Manche Dokumentationssysteme, z.B. TELDOK und STAIRS, behaupten auch ausdrücklich, daß das bei ihnen möglich wäre. Jedoch ist das zunächst einmal nur eine Vortäuschung nicht vorhandener Fähigkeiten; kein existierendes System "versteht" einen in Deutsch (oder Englisch oder einer anderen natürlichen Sprache) formulierten Satz. Über einige Anfänge in dieser Richtung wird in Kapitel 6 gesprochen werden.

Die Dokumentationssysteme, die Anfragen in natürlicher Sprache zulassen, verbinden im Prinzip lediglich alle darin vorkommenden Wörter durch ODER und gewichten die gefundenen Dokumente. So werden auf die Suchfrage "Welche Dokumente behandeln die Auflösung des Bundestages außer durch den Bundespräsidenten" solche Dokumente angezeigt, die möglichst viele der Wörter "Dokumente", "behandeln", "Auflösung", "Bundestages" und "Bundespräsidenten" enthalten, was offensichtlich nicht der Fragestellung entspricht.

Um zu einer brauchbaren Methode zu gelangen, sind zwei Voraussetzungen nötig:

- Die Suchwörter müssen auf den Wortstamm reduziert werden (TELDOK leistet das wenigstens ansatzweise); ebenso müssen entweder die Textwörter reduziert worden sein oder aus den Stämmen der Suchwörter müssen dann alle vorkommenden Flexionsformen generiert werden.
- Es muß ein brauchbarer Algorithmus zur Rangfolgesortierung gefunden werden, vgl. Abschnitt 3.4.2.

Weiterhin muß das System entweder Phrasen wie "außer", "aber nicht", "mit Ausnahme von" erkennen können, oder der Benutzer muß angeleitet werden, solche negativen Formulierungen nicht zu verwenden.

Bis zu einer brauchbaren Abfrage in natürlicher Sprache ist es also noch ein weiter Weg.

Kapitel 4. Bewertung von Dialogsystemen

4.1 Selektionsgütetests bei Stapelverarbeitungssystemen

4.1.1 Modell eines Dokumentationssystems

Seit es rechnergestützte Dokumentationssysteme gibt, bemüht man sich, Aussagen über den Wert oder Unwert verschiedener Aufbereitungsmethoden bei der Dokumenteingabe einerseits und verschiedener Strategien bei der Suche andererseits zu gewinnen. Als Indikator (Meßgröße) hierfür sind verschiedene Maße der Selektionsgüte wie Relevanz- und Nachweisquote weit verbreitet, auf die weiter unten genauer eingegangen werden soll.

Zunächst wollen wir jedoch ein Modell für ein Dokumentationssystem entwickeln.

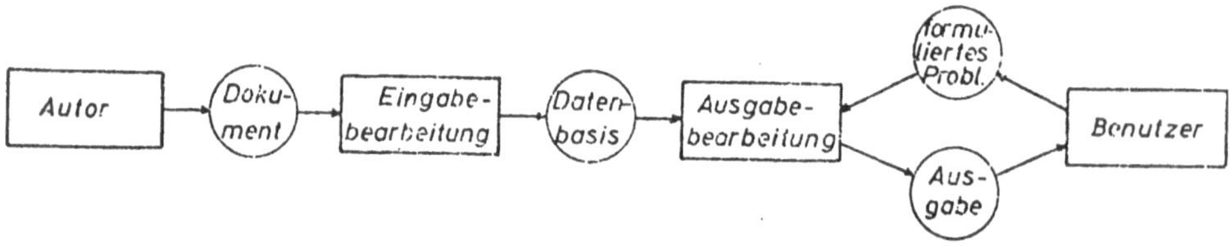

Abbildung 4.1. Modell eines Dokumentationssystems.

Im Modell (Abbildung 4.1) unterscheiden wir zwischen Kanälen und Instanzen. Kanäle können Daten (z.B. Texte) aufnehmen, speichern und ein- oder mehrmals unaufgefordert oder auf Abruf wieder abgeben. Sie können jedoch die Daten nicht verarbeiten, abgesehen von einfachen Code-Umwandlungen und Änderungen in der Reihenfolge der Daten; auch wird unter Umständen nur eine Auswahl der Daten wieder ausgegangen.

Instanzen können Daten empfangen oder einem oder mehreren Kanälen entnehmen und verarbeiten; sodann erzeugen sie neue Daten (Nachrichten), die sie in anderen Kanälen ablegen.
Abbildung 4.1 bedeutet: Der Autor (Instanz) schreibt ein Werk (Kanal, z.B. Buch oder Aufsatz). Dieses wird bearbeitet (z.B. gekürzt, deskribiert, mit

zusätzlichen Angaben versehen) und in der Datenbasis (Kanal) abgelegt. Auf der anderen Seite formuliert der Benutzer sein Problem; der Retrieval-Teil des Dokumentationssystems erhält diese Anfrage und entnimmt der Datenbasis daraufhin Dokumente oder Dokumentteile, die er dem Benutzer als Resultat der Suche präsentiert.

Der Kreis Benutzer - formuliertes Problem - Anfragebearbeitung - Ausgabe - Benutzer ist jedoch kein Regelkreis. Der Benutzer formuliert sein Problem normalerweise nur einmal; wenn er mit dem Ergebnis sehr unzufrieden ist, kann er eine neue Anfrage stellen oder sich an ein anderes Dokumentationssystem (z.B. an eine Bibliothek) wenden.

Wenn zwei verschiedene Methoden der Eingabebearbeitung verglichen werden sollen, ergibt sich zunächst das Modell der Abbildung 4.2. Die beiden Arten der Eingabebearbeitung führen zu zwei Datenbasen; die Anfragenbearbeitung ist bis auf Unterschiede, die sich aus der möglicherweise verschiedenen Struktur der Datenbasen ergeben, die gleiche. Der wahlweise Abruf von Datenbasis 1 oder 2 und dementsprechend die Ausgabe 1 oder 2 ist durch gestrichelte Pfeile angedeutet.

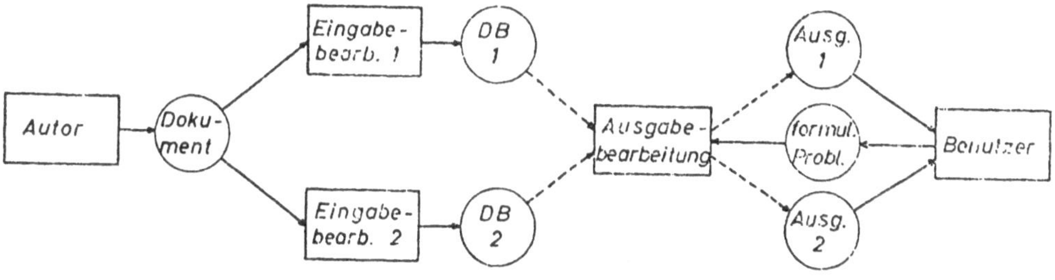

Abbildung 4.2. Vergleich von zwei Methoden der Eingabebearbeitung.

Auf der anderen Seite kann man zwei Suchmethoden miteinander vergleichen; das entsprechende Modell ist in Abbildung 4.3 wiedergegeben.

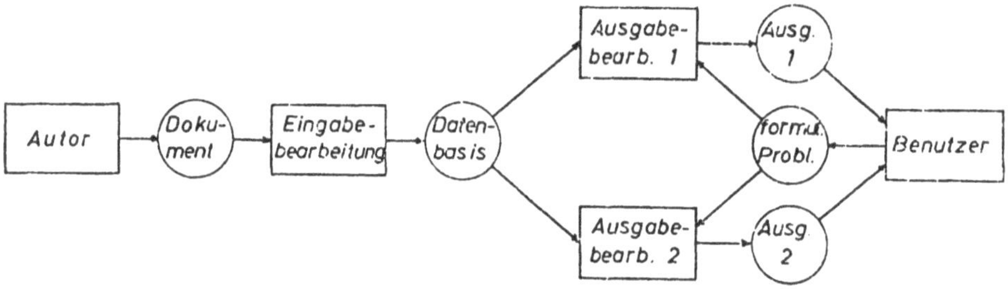

Abbildung 4.3. Vergleich von zwei Suchstrategien.

Zur Beurteilung des Ergebnisses der Anfrage muß Abbildung 4.1 um eine Instanz, genannt Schiedsrichter, erweitert werden, die das Ergebnis bewertet. Dies ist in Abbildung 4.4 dargestellt. Die Modelle der Abbildungen 4.2 und 4.3 müßten entsprechend erweitert werden.

Benutzer und Schiedsrichter können dieselbe Person sein, aber in zwei Rollen. Eine Instanz entspricht einer Rolle, nicht einer Person.

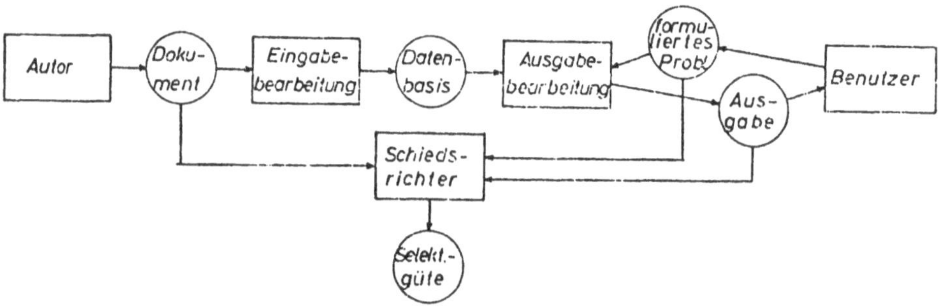

Abbildung 4.4. Messung der Selektionsgüte eines Dokumentationssystems.

Der Schiedsrichter empfängt das formulierte Problem und die Ausgabe und bewertet die ausgegebenen Dokumente. Darüber hinaus soll er aber auch feststellen, welche Dokumente für den Benutzer von Wert sein könnten, aber nicht ausgegeben wurden. Man erkennt hier bereits die erste Schwierigkeit der Selektionsgütemessung: die Zahl der ausgegebenen Dokumente ist zwar in der Regel klein, die Gesamtzahl der Dokumente in der Datenbasis kann jedoch sehr groß werden, und wegen dieser Schwierigkeit wurden die meisten Untersuchungen bisher an kleinen Datenbasen (ca. 4o bis 4oo Dokumente) durchgeführt. Ob und wie sich die Ergebnisse auf große Datenbasen (sagen wir 1oo.ooo Dokumente) übertragen lassen, ist jedoch weitgehend unklar.

Des weiteren wurde gelegentlich versucht, unter der Bezeichnung "Pertinenz" den Wert der Ausgabe für den Benutzer selbst zu messen. Das bedeutet, daß der Schiedsrichter mit dem Benutzer identisch sein muß; denn jeder zwischengeschaltete Kanal bringt zwangsläufig einen Informationsverlust mit sich. Die Pertinenz kann sich von der Selektionsgüte durchaus unterscheiden, beispielsweise weil das Problem nicht richtig formuliert wurde oder weil der Benutzer ein einschlägiges Dokument schon kannte, so daß die Ausgabe für ihn insoweit nur Ballast bedeutet.

4.1.2 Einwände gegen die gebräuchlichen Selektionsgüte-Maße

Die gebräuchlichsten Maße für die Selektionsgüte sind Nachweis- und Relevanzquote. Hierzu werden die Dokumente einerseits in relevante und irrelevante, andererseits in gefundene (in der Ausgabe enthaltene) und nicht gefundene eingeteilt. Die beiden Maße werden dann wie folgt definiert:

$$\text{Nachweisquote} = \frac{\text{Zahl der gefundenen, relevanten Dokumente}}{\text{Zahl der relevanten Dokumente}}$$

$$\text{Relevanzquote} = \frac{\text{Zahl der gefundenen, relevanten Dokumente}}{\text{Zahl der gefundenen Dokumente}}$$

Die Klassifizierung der Dokumente in "relevant" und "irrelevant" läßt außer Acht, daß der Übergang von einem zum anderen Extrem durchaus fließend ist. Es gibt in der Regel Dokumente, die mehr oder weniger zum Problem beitragen, es aber nicht vollständig lösen. Die genannte Zweiteilung ist daher eine Vergröberung oder, anders ausgedrückt, ein Informationsverlust. Weiterhin hat eine falsche Klassifizierung eines Dokuments erheblich schwerwiegendere Folgen, als wenn es in einer mehrstufigen Skala um eine oder sogar um mehrere Stufen falsch eingeordnet wird.

Daneben entspricht auch die Zweiteilung in "gefunden" und "nicht gefunden" bei vielen Dokumentationssystemen nicht der Realität, weil diese auch die Möglichkeit haben, eine große Zahl von Dokumenten nach systeminternen oder vom Benutzer vorgegebenen Gewichten in eine Rangreihenfolge zu bringen. Es ist sogar zu vermuten, daß solche Methoden wesentlich zur Verbesserung der Qualität der Ausgabe beitragen können.

Aus einigen von uns durchgeführten Simulationsrechnungen ist in der Tat zu schließen, daß geeignete Selektionsgütemaße, die von einer mehrstufigen oder kontinuierlichen Bewertung der Dokumente durch den Schiedsrichter einerseits und das Retrievalsystem andererseits ausgehen, einen signifikanten Unterschied zwischen zwei Arten der Eingabebearbeitung oder der Anfragebearbeitung leichter nachzuweisen gestatten.

Die üblichen Selektionsgütetests sind somit wegen des mit ihnen verbundenen Aufwandes und wegen ihrer Grobheit bereits bei Stapelverarbeitungssystemen von zweifelhaftem Wert.

Darüberhinaus ist es zumindest fraglich, ob Nachweis- und Relevanzquote überhaupt die richtigen Kriterien für die Beurteilung eines Dokumentationssystems sind. In den seltensten Fällen möchte der Benutzer alle einschlägigen Dokumente nachgewiesen bekommen. Es genügt häufig, eine wichtige Aussage einmal aufzufinden; der Abdruck dieser Aussage in weiteren Dokumenten ist für ihn in der Regel ohne Wert. Wo es sich andererseits um Meinungen und nicht um Sachaussagen handelt, kann für ihn die Ansicht anderer Autoren nützlich sein; außer bei zentralen Punkten seines Problems genügten gewöhnlich auch hier zwei oder drei Aufsätze namenhafter Autoren, um die Meinungsvielfalt abzustecken, da der Benutzer schon aus zeitlichen Gründen in der Regel mehr nicht verarbeiten kann.

Eine hohe Nachweisquote ist somit nur in bestimmten Fällen das wichtigste Ziel einer Recherche; häufig ist sie nicht einmal erwünscht.

Aber auch eine hohe Relevanzquote ist nicht erforderlich, wenn der Benutzer den nachgewiesenen Dokumenten sehr schnell ansehen kann, ob sie für ihn von Wert sind. Sofern er eine für seine Zwecke ausreichende Anzahl relevanter Dokumente gefunden hat, bedeutet es für ihn kaum einen Schaden, wenn er ein weiteres relevantes Dokument (oder sogar ein nur teilweise relevantes) dabei übersieht.

Es kann also sein, daß dem Benutzer zwei relevante unter acht nachgewiesenen Dokumenten lieber sind als ein relevantes unter vier und daß dieses ihm weitaus angenehmer ist als zehn relevante Dokumente, die unter vierzig nachgewiesenen versteckt sind.

4.2 Selektionsgütetests bei Dialogsystemen

Die bisherigen Ausführungen gelten für Stapelverarbeitungssysteme. Um Dialogsysteme darstellen zu können, muß die Instanz "Aufgabenbearbeitung' weiter aufgegliedert werden, siehe Abbildung 4.5. Der Bearbeiter stellt eine Anfrage an das Retrievalsystem; dieses liefert nach einem festen (programmierten) Algorithmus eine Antwort. Im Gegensatz zum Stapelverarbeitungssystem wird diese nicht sofort an den Benutzer weitergegeben, sondern der Bearbeiter überprüft erst, ob sie dem zugrunde liegenden Problem in ausreichendem Maße gerecht wird und stellt andernfalls eine abgeänderte oder ganz neue Anfrage an das System. Hier ist also ein Regelkreis eingebaut.

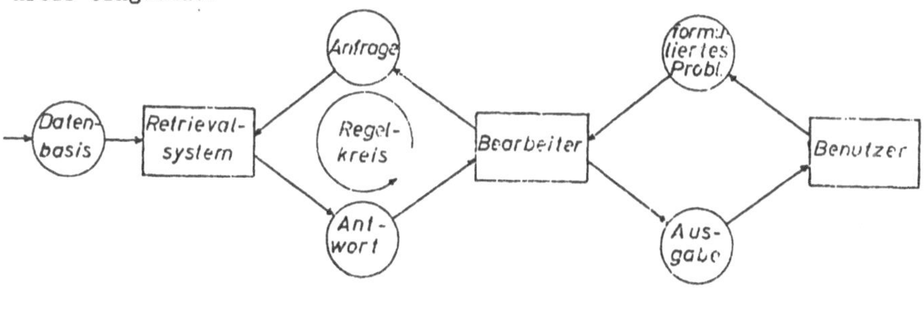

Abbildung 4.5 Modell eines Dialog-Dokumentationssystems.
Die Eingabe ist nicht dargestellt.

Der Bearbeiter erhält durch die Rückkopplung mit dem Zwischenergebnis vielfältige Möglichkeiten, die Anfrage zu variieren. Infolgedessen hängt die Qualität der endgültigen Ausgabe nicht nur von den Möglichkeiten des Dokumentationssystems, sondern in sehr starkem Maße auch von den Fähigkeiten und von der Beurteilung des Bearbeiters ab.

Der Benutzer kann mit dem Bearbeiter identisch sein; dann kann auch das "formulierte Problem", das er im Kopf und nicht schriftlich fixiert hat, durch Zwischenergebnisse variiert werden.

Bei Stapelverarbeitungssystemen lassen sich mit 5o Suchfragen nur wenige interessierende Unterschiede zwischen zwei Methoden der Eingabe- oder Anfragebearbeitung statistisch nachweisen (beispielsweise daß eine einmalige Rückkopplung in Form einer Bewertung der gefundenen Dokumente durch den Benutzer das Ergebnis verbessern kann oder daß Abstracts bessere Resultate liefern als nur die Titel - beide Aussagen überraschen keinesfalls). Zahlreiche vermutete Unterschiede (z.B. der Einfluß von Rollenindikatoren oder der Vergleich von Abstracts mit Volltexten) bleiben bei solchen Experimenten unterhalb der Nachweisgrenze.

Da die Ergebnisse von Selektionsgüteexperimenten wegen der Variationsmöglichkeiten des Bearbeiters bei Dialogsystemen stärker streuen müssen als bei Stapelverarbeitungssystemen, ist zu erwarten, daß mit 5o Suchanfragen praktisch überhaupt keine Unterschiede mehr nachgewiesen werden können, sondern daß vielleicht 2oo, vielleicht aber auch 5oo Suchanfragen notwendig sind.

Den damit verbundenen Aufwand kann man wie folgt ganz grob einschätzen. In einer Datenbasis von 1o ooo Dokumenten müssen pro Suchfrage vielleicht 1oo Dokumente gründlich bewertet werden (1/2 Stunde pro Dokument). 9oo Dokumente müssen oberflächlich geprüft werden (5 min pro Dokument). Die restlichen 9ooo Dokumente werden nach einem kurzen Blick auf den Titel und auf Zusammenfassung, Zwischenüberschriften und anderes verworfen (1 min pro Dokument). Diese Zeiten sind sicher nicht zu reichlich bemessen. Pro Suchfrage ergibt das 275 Stunden, für 2oo Suchfragen etwa 3o Mannjahre!

Es verwundert daher nicht, daß bisher keine Selektionsgüteexperimente an Dialogsystemen bekannt geworden sind, und schon bei größeren Stapelverarbeitungssystemen ergeben sich Schwierigkeiten. Es sei daran erinnert, daß einer der Haupteinwände gegen die Cranfield II-Experimente [Harter 1971, Swanson 1971] darin bestand, die Bewertung der Dokumente sei nicht gründlich genug erfolgt (14oo Dokumente, 279 Suchfragen).

Daneben wird es schwierig, zu bestimmen, welche Dokumente als nachgewiesen zu gelten haben. Der Bearbeiter schaut sich ja im Verlaufe des Dialogs mehrere, eventuell viele Dokumente mehr oder weniger gründlich an, um daraufhin seine Anfrage neu zu formulieren. Es ist zumindest fragwürdig, in das Selektionsgütemaß nur die am Ende dem Benutzer ausgegebenen Dokumente einzubeziehen, insbesondere wenn der Benutzer zugleich der Bearbeiter ist.

Schon bei Stapelverarbeitungssystemen war es uns fraglich, ob Nachweis- und Relevanzquote sinnvolle Maße für die Selektionsgüte sind. Auch hier werden die Zweifel bei Dialogsystemen noch größer.

Die Nachweis- und Relevanzquote lassen sich nämlich in der Regel nahezu beliebig verbessern, wenn der Benutzer nur genügend Zeit investiert. Im Extremfall schaut er sich eine große Zahl gefundener Dokumente genau an und reicht dem Benutzer nur diejenigen weiter, die er für relevant hält.

Ferner hängt die Qualität der Ergebnisse außer vom Zeitaufwand sicherlich auch stark von der Sachkenntnis und von der Schulung und Übung des Bearbeiters ab. Ferner können Einflüsse der Umgebung eine Rolle spielen, z. B. die Tageszeit (Ermüdung, Hunger), Beleuchtung des Arbeitsplatzes, Störung durch andere Personen oder durch Geräusche, unfreiwillige Unterbrechungen durch einen Ausfall der Rechenanlage und vieles mehr.

Dieselben Einwände wie beim Dialogsystem gelten mindestens im gleichen Maße auch bei einer Beurteilung der konventionellen Suche. Hier wird es beispielsweise noch schwieriger, festzustellen, welche Dokumente als gefunden gelten sollen. Muß man ein Buch, das der Benutzer einer Bibliothek im Titelkatalog überblättert, zu den nachgewiesenen Dokumenten zählen? Immerhin kann es ja sein, daß er über einen Titel stutzt und ein einschlägiges Werk findet. Da man die Ergebnisse rechnergestützter Dokumentationssysteme zu ihrer Beurteilung aber eigentlich mit konventionellen Systemen vergleichen müßte, müssen auch die Beurteilungskriterien auf beide Arten von Systemen anwendbar sein.

4.3 Zielgrößen für die Beurteilung von Dialog-Systemen

Bisher haben wir negativ festgestellt, daß die üblichen Verfahren der Selektionsgütemessung für Dialog-Systeme nicht geeignet sind. Das liegt nicht nur am großen Aufwand, der betrieben werden müßte, sondern mehr noch daran, daß die für Stapelverarbeitungssysteme entwickelte Methodik nicht ohne weiteres auf Dialog-Systeme erweitert werden kann und vor allem daran, daß die Selektionsgütemaße für sich allein hier noch weniger als bei Stapelverarbeitungssystemen das messen, worauf es bei der Beurteilung eines Dokumentationssystems wirklich ankommt.

Worauf kommt es nun an? Diese Frage läßt sich bisher nicht mit ausreichender Schärfe beantworten, und es muß noch erheblicher Forschungsaufwand betrieben werden, um wenigstens zu Teilergebnissen zu gelangen, die als Grundlage für eine sinnvolle Messung der Qualität von Dokumentationssystemen ausreichen. Angesichts der wachsenden Bedeutung von Dialog-Retrieval-Systemen und des beachtlichen finanziellen Aufwandes, der in solche Systeme investiert wird, sind solche Untersuchungen sehr dringlich.

Letztlich kommt es bei rechnergestützten Dokumentationssystemen ebenso wie bei Bibliotheken und anderen Dienstleistungsbetrieben darauf an, die Wünsche und Erwartungen des Benutzers zu dessen Zufriedenheit zu erfüllen.

Einige Unterziele des Ziels "Zufriedenheit" können durchaus genannt werden.

Das System muß einfach zu bedienen sein. Hierzu gehört ein leichter Zugang ohne räumliche, administrative oder psychologische Sperren ebenso wie eine einfache Abfragesprache, soweit der Benutzer das System selbst bedient (Vergleiche Kap. 3).

Das System muß für den Benutzer schnell zur Verfügung stehen. Hierzu gehören kurze Wege, kurze Einarbeitungszeit und geringe Wartezeiten an den vorhandenen Datenstationen.

Die Ergebnisse müssen dem rollengemäßen Bedarf des Benutzers entsprechen. Dies bedeutet nur selten einfach eine Maximierung von Relevanz- oder Nachweisquote; auf andere Ziele wurde schon oben (Abschnitt 4.1.2) hingewiesen.

Die Kosten müssen erträglich und angemessen sein. Zu den Kosten zählen für öffentliche Bedienstete vor allem diejenigen, die vom Dokumentationssystem in Rechnung gestellt werden, für Angehörige der Privatwirtschaft aber im gleichen Maße auch Kosten, die durch die aufgewendete Arbeitszeit entstehen.

Diese Unterziele sind einerseits sehr divers und kaum auf einen gemeinsamen Nenner zu bringen, andererseits aber noch nicht konkret genug, um Meßgrößen und Meßverfahren vorschlagen zu können. Selbst bei den anscheinend so konkreten Kosten treten erhebliche Probleme auf; man braucht nur einmal einen Blick in die umfangreiche Literatur über Kosten von Dokumentationssystemen zu werfen.

4.4 Ansätze zur Beurteilung von Dialogsystemen

4.4.1 Dringlichkeit der Entwicklung von Beurteilungsmethoden

Es wurde schon weiter oben (Abschnitt 4.3) darauf hingewiesen, daß wegen der wachsenden Bedeutung von Dialog-Dokumentationssystemen und des in diese investierten Aufwands Verfahren zur Beurteilung ihrer Leistungsfähigkeit dringend erforderlich sind. Es geht aber nicht nur darum, die Nützlichkeit eines System im allgemeinen oder des Juristischen Informationssystems im besonderen nachzuweisen, sondern mehr noch darum, Schwächen und Lücken eines Systems finden und gezielt beheben zu können.

Selbst so grundlegende Fragen wie die, ob ein gewisser Grundbestand an Suchmethoden fast immer ausreicht oder ob ein System möglichst viele, verschiedenartige Suchverfahren und Suchhilfen zur Verfügung stellen sollte, sind noch offen.Beispielsweise kommt LEXIS mit wenigen Suchfunktionen aus.

Für die beiden folgenden, sich widersprechenden Hypothesen lassen sich durchaus plausible Begründungen finden, und eine experimentelle Entscheidung zwischen ihnen könnte erhebliche Auswirkungen schon auf die Konzeption von Dialog-Systemen haben.

a) Ein geschulter Benutzer kann mit einem einfachen System (fast) so gute Ergebnisse erzielen wie mit einem komplizierten.

b) Ein geschulter Benutzer kann mit einem komplizierten System erheblich bessere Ergebnisse erzielen als mit einem einfachen.

Unter einem komplizierten System ist hier eins zu verstehen, das möglichst vielfältige Arten der Abfrage zuläßt.

Desgleichen ist völlig offen, ob ein wenig geschulter Benutzer mit einem komplizierten System bessere, gleichgute oder schlechtere Ergebnisse erzielt als mit einem einfachen System.

4.4.2 Bewertungskriterien

Beim Vergleich von zwei Dokumentationssystemen oder von einem Dokumentationssystem mit konventioneller Suche (Bibliothek) ist zunächst darauf zu achten, daß es einige Parameter gibt, die die Ergebnisse durchaus beeinflussen, aber von untergeordnetem Interesse sind (Störparameter). Hierzu gehören die Wegezeiten, die Einarbeitungszeit in ein System (sowohl die erstmalige als auch die neuerliche nach einer längeren Benutzungspause) und die Größe der Datenbasis.

Bei einem rechnergestützten System ist letztere leicht feststellbar, dagegen kaum in einer Bibliothek. Denn die Zahl der Bücher ist kein Vergleichsmaßstab, wenn im rechnergestützten System einzelne Aufsätze ansprechbar sind. Die Zahl der in den Büchern der Bibliothek enthaltenen Aufsätze ist aber ebenso wenig ein Vergleichsmaßstab.

Es erscheint verlockend, als Maß für die Güte eines Systems den Zeitaufwand zu betrachten, den ein Benutzer erbringen muß, bis er zufriedenstellende Resultate erzielt. Jedoch auch dieses Verfahren hat seine Tücken. Es kann sein, daß der Benutzer mit forschreitender Zeit seine Ansprüche an das Ergebnis immer weiter zurücknimmt (vielleicht zu Recht, wenn er merkt, daß die Datenbasis keine einschlägigen Dokumente enthält). Es kann umgekehrt vorkommen, daß die ersten Ergebnisse, die ein Benutzer erzielt, derart gut sind, daß er dadurch angeregt wird, seine Suche auszudehnen.

In die Bewertung sollten sicherlich die folgenden Kriterien eingehen.

a) Übung des Benutzers.
   Die Übung könnte durch die Häufigkeit der Benutzung des Systems gemessen werden, bei Anfängers durch den vorangegangenen Schulungsaufwand.

b) Zeitaufwand des Benutzers.
   In erster Linie ist hier die Zeit zu berücksichtigen, die der Benutzer als Bearbeiter an der Datenstation verbringt. Dabei müssen aber solche Zeiten abgezogen werden, in denen er nicht sucht, sondern die gefundenen Dokumente auswertet, indem er sich Notizen macht oder überlegt, ob und wie ein Dokument sein ursprüngliches Problem weiterbringt oder löst.

c) Kosten.
   Da der Zeitaufwand des Benutzers bereits unter b) berücksichtigt ist, sind hier vor allem diejenigen Kosten relevant, die ihm vom Dokumentationssystem in Rechnung gestellt werden. Damit dieses die Kosten minimieren kann, sind umfangreiche Messungen am System durchzuführen, beispielsweise über die Häufigkeit der Benutzung einzelner Moduln oder bestimmter Deskriptoren sowie über die jeweils benötigten CPU-Zeiten und Kanalzugriffe usw.

d) Qualität der Ergebnisse, gemessen am Ziel der Suche.
   Das Ziel der Suche kann im Einzelfall beispielsweise sein, einen Überblick über die in der Literatur vertretenen Meinungen zu gewinnen, mindestens ein relevantes Dokument zu finden oder eine einigermaßen

komplette Bibliographie des Problems aufzustellen. Sowohl das Ziel der Suche als auch die Qualität der Ergebnisse müssen durch regelmäßige Befragungen der Benutzer ermittelt werden; weiterhin muß man versuchen festzustellen, warum ein Benutzer im Einzelfall unzufrieden war.

4.4.3 Hypothesen

Die Ergebnisse solcher Untersuchungen können in der Regel sicherlich nicht von der einfachen Form "System A ist besser als System B" sein. Eher sind Ergebnisse der folgenden Art denkbar, die hier zugleich als Hypothesen aufgestellt werden sollen und deren Beweis oder Widerlegung sicherlich einen starken Einfluß auf die Weiterentwicklung von Dokumentationssystemen hätte.

1. Ein geübter Benutzer erreicht sein Ziel mit einem leistungsfähigen System (d.h. einem, das zahlreiche verschiedene Suchmethoden und -hilfen wie Thesaurus, Ranking, metrische Operatoren, mehrstufige Dokumentgliederung usw. zur Verfügung stellt) wesentlich schneller als mit einem einfachen System.

2. Wenn der Benutzer schnell wenige einschlägige Dokumente sucht, eignen sich als Suchstrategien vor allem Rangfolgesortierungen.

3. Einem wenig geübten Benutzer bringen Standard-Dialogverfahren (vgl. Abschnitt 3.3) in ausreichender Schnelligkeit befriedigende Ergebnisse.

4. Die Nützlichkeit eines Rangfolge-Algorithmus wird bei Wortlautsystemen erheblich, bei Indexierungssystemen in geringerem Maße durch die Einbeziehung eines Thesaurus gesteigert.

5. Metrische Operatoren verbessern in manchen Fällen die Qualität des Ergebnisses beträchtlich. Sofern sie jedoch durch eine Suche im Dokumenttext (scanning) realisiert sind, erhöhen sie die Kosten (Rechenzeit) so stark, daß der Benutzer sie nur in Ausnahmefällen anwenden sollte.

Kapitel 5. Gesellschaftspolitische und juristische Probleme

5.1 Entwicklungslinien der Problematik

Wie bei vielen anderen DV-Anwendungen hat sich seit der Einführung der elektronischen Rechtsdokumentation zunehmend deren systematische Bedeutung und damit auch deren gesellschaftspolitische Relevanz herausgestellt. Dies bedeutet keineswegs ein vermindertes Gewicht ihrer fachlichen Methodik, sondern nur das Hinzukommen einer Reihe neuer Gesichtspunkte und Anforderungen.

5.1.1 Schwierigkeiten im juristischen Informationswesen und Motivierung des Wunsches nach elektronischer Rechtsdokumentation

Das anderwärts oft als "Informationslawine" bezeichnete Anschwellen relevanten Textmaterials findet sich auch im juristischen Bereich. Die spezifischen Folgen der unbewältigten Materialfülle sind hier z.B. als Mängel der Gesetzesplanung, ungewollt divergierende Gerichtsentscheidungen usw. identifiziert (für Deutschland z.B. [Fiedler 1968]) und eindrucksvoll als "Informationskrise des Rechts" [Simitis 1970] beschrieben worden.

Als mögliche Abhilfe erschien auch hier die methodische Dokumentation insbesondere in ihrer DV-gestützten Form. Diese erhielt damit zugleich von vornherein eine (oft unausgesprochene) positive gesellschaftspolitische Bedeutung: nämlich die Erhaltung oder Verbesserung der Funktionsfähigkeit der Rechtsordnung. Weniger eigentlich geklärt, oft mehr vorausgesetzt (deutlich z.B. bei [Simitis 1970]) war dabei allerdings die Tauglichkeit der Effizienz der DV-Methodik zur Erfüllung gerade dieser spezifischen Zielsetzung.

Dies ist der klassische Ansatz der elektronsichen Rechtsdokumentation und damit des DV-gestützten juristischen Informationswesens überhaupt: Die DV-Methodik der Dokumentation erscheint als Hilfsfunktion im Rahmen bestehender rechtlicher Institutionen und bietet daher keine besonderen Legitimationsprobleme. Diese bestehenden Institutionen konnten etwa wissenschaftliche Forschung, staatliche Verwaltung und Rechtspflege oder kommerzielle Rechtsdokumentation sein. Vor allem in USA fand sich seit dem Anfang der von dort ausgehenden Entwicklung der elektronischen Rechtsdokumentation

(Ende der 50er Jahre) dieser "pluralistische" Ansatz mit einer Vielzahl einzelner Projekte. Die "Mißerfolge" der elektronischen Rechtsdokumentation, die hier (s. oben Kap. 0) zu verzeichnen sind, beziehen sich bisher auf diesen Rahmen und diesen klassischen Ansatz. Es sind wesentlich auch Mißerfolge der DV-gestützten Dokumentationsmethodik in Bezug auf einen spezifischen Anwendungsbereich und bestimmte Institutionalisierungsformen.

5.1.2 Erweiterungen und Folgeprobleme.

Ebenfalls einer häufigen Erfahrung entsprechend sind auch im Bereich der Dokumentation die Leistungen computerisierter Systeme mit den herkömmlichen Verfahren methodisch nicht ganz identisch und tendieren vielfach zu organisatorischen oder institutionellen Veränderungen. Diese Modifikationen treffen gerade im juristischen Bereich auf eine sehr sensible Umgebung, bei welcher auch kleinere Zustandsänderungen rasch zum Politikum werden.

1) Funktionelle Erweiterungen über die klassischen Dokumentationsmethoden hinaus.

   Bereits in den herkömmlichen Dokumentationsmethoden sind Funktionen der Auswahl, Analyse, Verdichtung und Bewertung von Information enthalten. Die methodische Unterstützung durch DV führt oft dazu, daß diese Funktionen in ihrer Bedeutung klarer hervortreten, außerdem gegenüber dem herkömmlichen Zustand z.T. modifiziert werden. In den verschiedenen Fachgebieten können diese Funktionen in verschiedenen Graden problematisch werden; besonders "kritisch" sind sie natürlich in einem stark wertenden Bereich wie dem juristischen.

   Im juristischen Bereich kommt hinzu, daß gewisse Erweiterungen der klassischen Dokumentationsmethoden in den Umkreis sehr naheliegender Wünsche fallen. So z.B. Methoden des Fakten-Retrievals (etwa zum Auffinden von Rechtsfällen nach Sachverhaltselementen) oder noch weitergehende Möglichkeiten i.S. von Frage-Antwort-Systemen oder problemlösenden Systemen (s.z.B. [JURIS 72] , S. 82 ff). Obwohl die praktische Anwendung derartiger Methoden gegenwärtig noch nicht aktuell ist, zeichnet sich hier ein rechtspolitisches Dilemma schon deutlich ab: Das Dilemma zwischen erwünschter Entscheidungshilfe und unerwünschter

Meinungsbeeinflussung oder Manipulation. Dieses Dilemma erhält wiederum ein verschiedenes Gewicht in Abhängigkeit von der Art der Institutionalisierung juristischer Informationssysteme (s.u. 2.).

Andererseits muß aber keineswegs etwa jede Erweiterung klassischer Dokumentationsmethoden zu einer Verschärfung von Bedenken der Meinungsmanipulation führen. So ist z.B. die "Volltext-" oder "Wortlautmethode" geeignet, derartige Bedenken auszuräumen. Der Grund dafür liegt darin, daß bei der Wortlautmethode die Verantwortung für die im Gesamtprozeß von Speicherung und Retrieval nötige Dokumentanalyse nicht so sehr einem Indexierer o.ä. übertragen, sondern gerade dem Benutzer selbst zugeschoben wird.

In eine weitere Richtung weist schließlich die rechtsplolitische Forderung nach Einbeziehung juristisch relevanter Sozialdaten, vor allem zur rationalen Unterstützung der Rechtsfortbildung. Gegenüber den juristischen Textdaten, wie sie der traditionellen juristischen Dokumentation zugrunde - liegen, bedeutete dies die Berücksichtigung ganz andersartiger Datenbasen und Bearbeitungsmethoden. Es ist klar, daß eine Erfüllung dieser Forderung - sei es nun durch Einbeziehung von Sozialdaten in juristische Datenbanken oder durch systematischen Anschluß an andere Informationssysteme - zu wiederum neuen gesellschaftspolitischen Problemen führt. Hier seien etwa nur die Fragen der Auswahl und Strukturierung der entsprechenden Daten , ihre eventuelle Verknüpfung mit juristischen Textdaten und die Gestaltung der Beziehungen zu den anderen fachlich zuständigen Informationssystemen genannt.

Natürlich soll all dies nicht davon abhalten, Erweiterungen der klassischen Rechtsdokumentation anzustreben. Es müssen nur andererseits auch die davon implizierten Folgeprobleme ins Auge gefaßt werden.

2) Institutionelle Probleme juristischer Informationssysteme.

Insbesondere für die "kritischen" Dokumentationsfunktionen (Auswahl, Verdichtung, Bewertung) wie auch für die Erweiterung informationsverarbeitender Funktionen über die klassische Dokumentation hinaus spielt es offensichtlich eine große Rolle, welche Instanz diese Funktionen ausübt. Andererseits ist es klar, daß schon aus physischen und erst recht ökonomischen Gründen nicht jede Instanz alles dokumentieren und dann auch noch für die eigene Dokumentation externe Beachtung verlangen kann. Gerade die perfektionierten und aufwendigen Methoden elektronischer Dokumentation verschärfen zumindest im gegenwärtigen Entwicklungszustand der DV diese Problemsituation, indem sie auf Konzentration und Zentralisierung drängen. Dies führt speziell für DV-gestützte juristische Informationssysteme zu schwierigen institutionellen und organisatorischen Problemen.

Angesichts des hohen Ranges der Meinungsfreiheit und -pluralität in z.B. unserem Staatssystem erhalten institutionelle Veränderungen juristischer Informationssysteme sehr rasch grundsätzliche Bedeutung. Sicherlich wird es niemand bedenklich finden, wenn bestehende Rechtsinstitutionen in ihrem Kompetenzbereich Dokumentation treiben, z.B. ein Gerichtshof die eigene Rechtsprechung oder ein Gesetzgeber seine eigenen Produkte dokumentiert. Anders könnte es schon scheinen, wenn der Gesetzgeber auch die Rechtsprechung oder die Justiz auch die Gesetzgebung (oder die Administration beides) dokumentieren möchten. Eine weitgehende Freiheit wird dabei in unserer Gesellschaftsordnung allerdings dem herkömmlichen privaten Publikationswesen zugemessen: Was hier an Dokumentation angeboten wird, wird i.S. der Meinungsfreiheit sehr weitgehend als legitim angesehen, selbst wenn es zur Monopolbildung tendiert und inhaltliche Mängel aufweist. Muß nicht demgegenüber wiederum zwangsläufig die Tendenz entstehen, einer unbefriedigenden Entwicklung durch eigene Rechtsdokumentation der öffentlichen Hand vorzubeugen - die dann evtl. ihrerseits einen "umfassenden" Anspruch erhebt?

Schon durch diese wenigen Andeutungen zeigt sich, wie der simple Ansatz elektronischer Rechtsdokumentation bei seiner konsequenten Weiterverfolgung zu weitreichenden gesellschaftlichen Problemen der institutionellen Organisation führen kann.

3) Beginn einer strukturellen (systemtheoretischen) Betrachtungsweise des juristischen Informationswesens.

Die angedeuteten Entwicklungslinien zeigen eine schrittweise Erweiterung von Problemstellungen und Lösungsmethoden. Zugleich entspricht dem ein

Abstraktionsprozeß, welcher zwangsläufig auf eine struktur- oder systemtheoretische Betrachtungsweise führt. Dies gilt nicht nur für DV-gestützte juristische Informationssysteme, sondern für das juristische Informationswesen überhaupt, welches zunehmend dieser Betrachtungsweise unterworfen wird. Hierzu gehört insbesondere auch eine systematische Strukturierung des Zusammenhangs von Zielen, Maßnahmen und Methoden. Darüber hinaus wird das juristische Informationswesen zunehmend in eine moderne, rationale Konzeption des Informationswesens im ganzen einbezogen werden müssen, wie es sich etwa im Programm der Bundesregierung zur Förderung von Information und Dokumentation bereits andeutet.

Die Planung DV-gestützter juristischer Informationssysteme erfordert zwangsläufig systematische Untersuchungen, wie sie etwa im Projektbericht [JURIS 1972] angestellt worden sind. Hierzu gehört im weiteren Sinne auch die "Benutzerforschung", die zugleich für gewisse Probleme eine Art Brücke bildet zwischen einerseits dem vorhandenen und andererseits dem geplanten neuen Informationssystem. Die Planung neuer, DV-gestützter juristischer Informationssysteme führt so auf eine methodisch neuartige Weise der Untersuchung bestehender, traditioneller juristischer Informationssysteme. Daher haben auch die hierbei unternommenen systemanalytischen Untersuchungen ggf. eine wissenschaftliche Eigenbedeutung, die von der tatsächlichen Installation des geplanten Systems weitgehend unabhängig sein kann - wie sich wiederum am Projektbericht zeigt.

In der systemanalytischen Untersuchung wird einerseits die Struktur der geplanten Systeme dargestellt und durchleuchtet. Dies ermöglicht zugleich eine auch rechts- und gesellschaftspolitische Diskussion, welche je nach der Art des geplanten Systems sehr notwendig sein kann. Ein Beispiel ist die rechtspolitische Diskussion um das geplante juristische Informationssystem der Bundesrepublik (vor allem [Zielinski 1971], [Uhlig 1971], [Dammann 1971], [Zielinski 1973], [Simitis 1974]). Welches Gewicht sollte z.B. darin der Dokumentation von Rechtstatsachen zukommen? Und ist es richtig, daß Unterschiede der Dokumentationsmethodik für verschiedene Quellenbereiche (z.B.: Volltextmethode für die Rechtsprechung, Abstractmethode für rechtswissenschaftliche Literatur) das Gewichtsverhältnis zwischen deren Bedeutung wesentlich verschieben könnte?

Andererseits werden durch eine systemanalytische Untersuchung auch die bestehenden Informationssysteme einer neuen und potentiell kritischen Betrachtung unterworfen. Ihre überkommenen und einfach deshalb bislang als "natürlich" oder "legitim" betrachteten Eigenschaften erscheinen zum Teil jetzt als disponibel und bedürfen plötzlich einer besonderen Rechtfertigung unter den Aspekten einer irgendwie zu definierenden neuen Rationalität. Etwa wieder am Beispiel des juristischen Informationssystems der Bundesrepublik: Wie werden unter den gegenwärtigen Verhältnissen die jährlich publizierten ca. 20.000 Gerichtsentscheidungen aus den ca. 1 Mio insgesamt erlassenen Entscheidungen ausgewählt? Ist der bestehende "Marktmechanismus" von Publizistik und Verlagswesen hierfür eine hinreichende Rechtfertigung? Welche Modifikationen könnten demgegenüber in einem rational konzipierten, DV-gestützten Informationssystem als Verbesserung gelten? Hier zeigt sich, daß die Rolle einer derartige Fragen bearbeitenden "juristischen Informatik" ebenso konstruktiv wie kritisch sein kann, sogar im besonderen Hinblick auf systemanalytische Methoden "kritisch durch Konstruktion" [Fiedler 1972]. Leider ist das gerade hierzu im Projektbericht [JURIS 1972] enthaltene Material juristischerseits bislang noch nicht genügend beachtet und ausgewertet worden.

Insbesondere wird durch die systemanalytische Planung DV-gestützter juristischer Informationssysteme das juristische Informationswesen z.T. den gesellschaftspolitischen Anforderungen einer neuartigen Rationalität unterworfen. Die strukturelle Betrachtungsweise wird hier zum Anknüpfungspunkt gesellschaftspolitischer Reflexion.

5.2 Gesellschaftspolitische Fragen juristischer Informationssysteme innerhalb eines rational konzipierten Informationswesens

Gerade die Rechtsdokumentation ist ein klassisches Beispiel für die Notwendigkeit einer einigermaßen systematischen Dokumentation. Ihre Erweiterung und Unterstützung durch DV machen einerseits ihre gesellschaftspolitischen Probleme deutlicher und stellen andererseits neue. Im Rahmen zunehmender interdisziplinärer Verflechtung und methodischer Durchdringung erfolgt zugleich eine immer stärkere Einbeziehung des juristischen Informationswesens in den Gesamthorizont der methodischen Dokumentation und Information wie auch von Gesamtkonzeptionen des gesellschaftlichen Informationswesens.

5.2.1 Zur Zieldiskussion DV-gestützter juristischer Informationssysteme

Eine eigentliche Zieldiskussion DV-gestützter juristischer Informationssysteme hat sich insbesondere in der Bundesrepublik entzündet, und zwar vor allem anhand des hier geplanten "Juristischen Informationssystems" (JURIS). Eine entsprechende gesellschaftspolitische Diskussion scheint z.B. in den als auf dem Gebiet der elektronischen Rechtsdokumentation führend angesehenen USA weitgehend zu fehlen; es geht dort recht pragmatisch um eine effizientere Erschließung klassischer juristischer Quellen (Gesetzesrecht und vor allem case law, kaum Literatur) und um deren auch kommerzielle Nutzung. Nach unserem Empfinden besitzen große juristische Informationssysteme schon ganz allgemein eine besondere gesellschaftspolitische Bedeutung. Vor allem aber hat bei dem geplanten JURIS der Anspruch eine entscheidende Rolle gespielt, ein <u>umfassendes</u> System zu sein. Es ist klar, daß hierdurch alle Ziel- und Legitimationsprobleme wesentlich verschärft werden, wie sich auch neuartige stellen.

Im Projektbericht [JURIS 1972] sind unter 3.4.1 elf Forderungen an das geplante JURIS zusammengestellt, die allerdings nur zum Teil mit der Forderung nach dem umfassenden Charakter des Systems zusammenhängen und die sich insofern auch verallgemeinern lassen. Zu diesen allgemeineren Forderungen wären - zugleich wohl im Sinne eines ziemlich allgemeinen Konsenses - etwa zu rechnen:

1) Effizienz der Selektion (Methodisch und technisch, einschließlich der Schnelligkeit der Bearbeitung. Diese Forderung wird manchmal gar nicht explizit aufgeführt, sollte aber keineswegs vergessen werden: Allein ihre Erfüllung, d.h. die wirkliche Bewältigung der "Informationslawine", rechtfertigt überhaupt ein kostenspieliges DV-gestütztes System! Die bloße Modernisierung als solches oder eine Erhöhung des Komforts beim "browsing" in Büchern würden dazu natürlich nicht ausreichen.)

2) Aktualität (d.h. des dokumentierten Materials).

3) Gute Zugänglichkeit für den Benutzer (einschließlich Verständlichkeit, Handlichkeit der Systemhilfsmittel, "Komfort". Hierzu rechnet jedoch

nicht die Überwindung von sprachlichen oder fachlichen Barrieren für den Benutzer, d.h. seine eigentliche "Belehrung").

4) Objektivität (im Hinblick auf eine Gesamtmenge von Nachrichten, deren Zugänglichkeit verbessert werden soll).

5) Transparenz (hinsichtlich der Zusammensetzung des dokumentierten Materials wie auch der Systemleistungen, z.B. Selektions- und Bearbeitungsverfahren, Ranking u.ä.).

6) Offenheit (gegenüber technischen Neuerungen ebenso wie gegenüber dem inhaltlichen Fortschritt des Wissensbereichs, d.h. der fachlichen "Innovation").

Hinzu kommen natürlich weitere allgemeine Forderungen, die jedoch nicht für Informationssysteme spezifisch sind, wie: Wirtschaftlichkeit, Datensicherung und -schutz, allgemeine Achtung der Rechtsordnung und Achtung der Rechte Dritter (Urheberrecht) usw. Andererseits kommen speziell für JURIS hinzu als für dieses System spezifische Forderungen der umfassende Charakter, d.h. die "Vollständigkeit" des dokumentierten Materials und dementsprechend auch die Forderung des "freien Zugangs" (Nichtdiskriminierung) zu diesem wahrscheinlich konkurrenzlosen System.

Die literarische Diskussion (vgl. vor allem [Zielinski 1973], [Simitis 1974]) hat demonstriert, daß diese Forderungen - vor allem einschließlich der Vollständigkeit und der allgemeinen Zugänglichkeit - nur sehr schwer gemeinsam zu realisieren sind. Diese Problematik ist schon im Projektbericht selbst offensichtlich sehr bewußt. Ja, man kann die Ergebnisse der Systemanalyse wohl sogar dahin interpretieren, daß ein umfassendes und zugleich allen gestellten Anforderungen genügendes System gegenwärtig kaum konzipierbar ist - selbst wenn man sich auf die klassischen Dokumentationsfunktionen beschränkt und auf die Einbeziehung von Sozialdaten verzichtet. Daher der Vorschlag eines "phasenweisen Vorgehens" welcher das eigentliche "Ausbausystem" nach dem "Entwicklungssystem", weitgehend im Unbestimmten läßt. Dies gilt auch für die institutionelle Gestaltung des Ausbausystems, d.h. insbesondere seine rechtliche Organisationsform.

Natürlich wird die literarische Zieldiskussion juristischer Informationssysteme auch über den hiermit angedeuteten Rahmen der klassischen Rechtsdokumentation hinaus fortgesetzt. Erst bei dieser Fortsetzung gelangt man in das Gebiet der wirklichen Kontroversen. Sollten z.B. juristische Informationssysteme nicht nur der Information über das "objektive Recht", sondern auch der Information über einzelne Rechtsverhältnisse dienen? Sollten die Ziele der Rechtsinnovation oder Rechtstransparenz gegenüber den traditionell akzeptierten Zielen der Rechtssicherheit und Verfahrensbeschleunigung stärker betont werden? Sollten juristische Informationssysteme nicht nur der Information des fachlich gebildeten "Juristen" (im weitesten Sinne), sondern auch der Belehrung des fachlich nicht gebildeten Bürgers über seine Rechte dienen? Damit im Zusammenhang stehen eine Reihe möglicher weiterer Forderungen an juristische Informationssysteme, von denen hier einige als charakteristisch aufgeführt werden sollen:

- Aufnahme der Dokumentation von "Rechtstatsachen" oder "juristisch relevanten Sozialdaten" (zu diesen vgl. [Hasselkuss 1972], [Menne 1973]),
- Aufnahme von Hilfsfunktionen zur Rechtsbelehrung für den juristischen Laien,
- Aufnahme von DV-Methoden für Aufgaben der Entscheidungshilfe in Rechtsanwendung und Rechtsgestaltung, die über bloße Dokumentation hinausgehen (z.B. Funktionen des Fakten-Retrieval und der Problemlösung im weitesten Sinne; juristische "Methodenbank"?).

Die zuletzt genannten (und ähnliche) Forderungen sind sowohl nach der gesellschaftspolitischen wie nach der methodischen Seite noch sehr wenig untersucht. Nach dem heutigen "Stande der Kunst" muß man ihre Bearbeitung als ausgesprochene Forschungsaufgabe bezeichnen, zu großen Teilen sogar als Aufgabe der Grundlagenforschung. Speziell zur Erweiterung der Methoden juristischer Informationssysteme über die bloße Dokumentation hinaus werden in der GMD (IDR) Untersuchungen aufgenommen. Vgl. hierzu auch unten Kap. 6.

5.2.2 Juristische Informationssysteme im Rahmen des gesamten Informationswesens

Das Juristische Informationswesen hat zwar in seinem eigenen Bereich manche Funktionen (z.B. der Dokumentation) seit langem gut ausgeprägt, nimmt aber andererseits im Gesamtrahmen des wissenschaftlich-technischen Informationswesens in vieler Hinsicht eine Sonderstellung ein. Dies beginnt z.B. schon bei der Frage der Stellung der Rechtssprache als Fach- (oder Standes-?) Sprache [Brinckmann 1972]. Es wäre sicherlich zu wünschen und wird künftig eine Notwendigkeit sein, daß das juristische Informationswesen im Rahmen einer Gesamtkonzeption zu anderen Sparten des Informationswesens in eine mehr systematische Verbindung tritt. Dies entspricht der Notwendigkeit einer mehr als bisher auch methodisch unterstützten Verbindung juristischer Information mit anderen Fachinformationsarten, z.B. im sozialwissenschaftlichen Bereich.

Neuerdings will nun das vor kurzem verabschiedete Bundesprogramm zur Förderung der Information und Dokumentation (vgl. hierzu vorblickend bereits [Lechmann 1971]) das geplante Juristische Informationssystem als Teil des Fachinformationssystems "Recht" in den Gesamtkomplex wissenschaftlich-technischer Fachinformationssysteme einbeziehen. Auch ohne daß hierin eine Entscheidung wissenschaftssystematischer Fragen zu sehen wäre, bedeutet dies doch ein beachtliches Votum für die Einordung auch des juristischen Informationswesens in eine gesellschaftliche Gesamtkonzeption rationaler Information. Diese Einordnung könnte durchaus auch praktische Konsequenzen haben, indem nun etwa allgemeine Anforderungen an Fachinformationssysteme auf das Juristische Informationssystem übertragen werden. Umgekehrt berühren sicherlich die allgemeinen Probleme der Fachinformationssysteme in z.T. verschärfter Form auch jedes juristische Informationssystem, insbesondere etwa Probleme im Zusammenhang mit der Freiheit der Information und des Informationsmarktes [Bühnemann 1971].

In diesem Zusammenhang ist schließlich noch eine Gegenüberstellung der Forderungen an das "Juristische Informationssystem" [JURIS 1972, 3.4.1] mit den Zielvorstellungen eines "Informationsbankensystems" interessant. Diese Forderungen müssen sich natürlich in wichtigen Teilen unterscheiden, korrespondieren aber andererseits auch in vielen Punkten. Ohne daß hier zu den Vorstellungen des "Informationsbankensystems "(vgl.hierzu z.B. von juristischer Seite [Dammann 1972]) Stellung genommen werden soll, kann auch dies als Hinweis auf die Verbindung des juristischen Informationswesens mit allgemeineren gesellschaftspolitischen Intentionen und informationswissenschaftlichen Problemstellungen dienen.

5.3 Juristische und rechtspolitische Fragen juristischer Informationssysteme in der Bundesrepublik

In der Bundesrepublik steht natürlich heute das geplante "Juristische Informationssystem" stark im Vordergrund des gesellschaftspolitischen Interesses - auch wenn dies hier nicht das einzige DV-gestützte juristische Informationssystem sein wird, wie schon jetzt das Beispiel der Steuerrechtsdokumentation der Datev zeigt.

Gegenüber den weiten Horizonten des juristischen Informationswesens, welche sich einer modernen prinzipiellen Betrachtung eröffnen und wie sie gerade auch im Zusammenhang mit der Systemanalyse für das "Juristische Informationssystem" berührt worden sind, stellt die seitherige Entwicklung eher eine Wieder-Beschränkung dar. Nämlich die Beschränkung auf die Dokumentation klassischer juristischer Textdaten (gegenüber Rechtstatsachen und weitgehenden Informationssystemen), die Beschränkung auf ein dem Dokumentenumfang nach sehr partielles System (gegenüber einem umfassenden System) sowie auch die Beschränkung auf ein vom Benutzerkreis her sehr begrenztes System, all dies im Rahmen des "Entwicklungssystems" (vgl. hierzu auch den Vortrag des damaligen Bundesjustizministers [Jahn 1973]). Nun ist diese Wieder-Beschränkung ihrerseits insofern "vorläufig", als ja das "Entwicklungssystem" gerade auch dem Sammeln von Erfahrungen als Basis für weitergehende Entwicklungen dienen soll, die im Rahmen des späteren "Ausbausystems" durchaus möglich sind. Die Tendenz zur Beschränkung kann auch gemildert werden durch die sicherlich weiterzuführende allgemeine rechtspolitische Diskussion über das juristische Informationswesen wie auch speziell durch die neben der Phase des "Entwicklungssystems" besonders vorgesehene "Parallelforschung" (vgl [JURIS 1972] , S. 207 ff, Nr. 7.3). Für eine realistische Betrachtungsweise ergibt sich so eine zweiphasige Periodisierung [Fiedler 1973] :

- Primärphase spezialisierter elektronischer Rechtsdokumentation und andererseits der Forschung über juristische Informationssysteme,
- Sekundärphase der Realisierung gesellschaftspolitisch ausgewogener Konzepte für juristische Informationssysteme.

Vor dem allgemeinen gesellschaftspolitischen Hintergrund ergeben sich natürlich schon jetzt eine Reihe konkreter rechtspolitischer und juristischer Fragenkomplexe, mögen diese nun bereits für das "Entwicklungssystem" oder erst für das "Ausbausystem" aktuell werden. Diese sollten einerseits von der Rechtswissenschaft und Rechtsinformatik in Angriff genommen, andererseits aber auch von allen potentiellen Benutzern eines "Juristischen Informationssystems" der Bundesrepublik beachtet werden. Erfreulicherweise kann berichtet werden, daß hier bereits eine ganze Reihe von Beiträgen vorliegen oder in Vorbereitung sind. So wären etwa zu nennen:

- Institutionelle Fragen eines Juristischen Informationssystems, d.h. Fragen seiner rechtlichen Organisation. Hierzu ist ein von Steinmüller im Auftrag des BMFT eingeleitetes Projekt zu erwähnen, welches sich im Rahmen einer Untersuchung von Fragen des "Informationsrechts" insbesondere mit der rechtlichen Organisation von Fachinformationszentren befassen wird.(Vgl. auch [Uhlig 1974]).
- Fragen der Stellung eines Juristischen Informationssystems innerhalb des Informationsmarktes, insbesondere unter den Aspekten der Informationsfreiheit (Art. 5 GG). Hiermit hängen auch die Fragen der Gebührenpolitik eng zusammen. Vgl. [Bühnemann 1971], [Uhlig 1974].
- Urheberrechtliche Fragen innerhalb juristischer Informationssysteme. Hier kann insbesondere auf Untersuchungen über eventuelle "Urheberrechtliche Hindernisse für Datenbanken" [Goose 1973] und über "Urheberrecht und Dokumentation" [Katzenberger 1974] verwiesen werden, welche hier als Beispiele aus einem sich verstärkt entwickelnden Literaturgebiet genannt seien. Vgl. neuestens [Goose 1974], [Kolle 1974].

- Datenschutzfragen innerhalb juristischer Informationssysteme. Über Datenschutzfragen im allgemeinen liegt inzwischen eine umfangreiche Literatur vor, insbesondere auch zum geplanten Datenschutzgesetz der Bundesrepublik. Jedoch scheint eine intensivere Beschäftigung mit den Auswirkungen auf juristische Informationssysteme noch wünschenswert. So könnte es durchaus fraglich scheinen, ob die gegenwärtig herrschende Praxis der "Anonymisierung" von Gerichtsentscheidungen bei ihrer Publikation unter Datenschutzgesichtspunkten genügt.

- Fragen der Präzisierung und Konkretisierung des Begriffs der Sozialdaten bzw. Rechtstatsachen für juristische Informationssysteme. Hierzu sind verschiedene Untersuchungen zu nennen [Hasselkuss 1972]; [Menne 1973].

Zu den rechtspolitisch höchst bedeutsamen Fragen muß schließlich die Bewertungsmethodik für die mit dem Entwicklungssystem gesammelten Erfahrungen gerechnet werden, und natürlich auch schon die Methodik dieser Erfahrungssammlung selbst. Werden diese Erfahrungen und die Ergebnisse der Parallelforschung ein "Ausbausystem" rechtfertigen, und welche Richtung seiner Gestaltung werden sie eventuell nahelegen? Hierbei wäre natürlich auch das Entwicklungssystem sinngemäß schon an den allgemeinen Zielen und Forderungen für ein juristisches Informationssystem zu messen, wie sie im Projektbericht dargelegt sind ([JURIS 1972], Nr. 3.4.1). Zur größtmöglichen Verbreitung der Beurteilungsbasis und Objektivierung der Ergebnisse sind eine Beteiligungsmöglichkeit für alle wichtigen Benutzerkreise und wirksame Methodik der Leistungsmessung und Auswertung zu fordern.

5.4 Notwendigkeit einer systematischen Verbindung zwischen Zielanalyse, Strukturforschung und Methodenentwicklung für juristische Informationssysteme

Die gesellschafts- und rechtspolitische Diskussion juristischer Informationssysteme darf nicht etwa als bloßer Antagonist einer andererseits rein technisch aufgefaßten Methodenentwicklung betrachtet werden, so daß sich eine säuberliche Rollenverteilung auf völlig getrennte Personenkreise ergibt. Vielmehr muß es Aufgabe interdisziplinärer Zusammenarbeit sein, durch systematische Maßnahmen eine dauernde Kopplung zwischen Zielanalyse, Strukturforschung und Methodenentwicklung zu erreichen. Diese Ausrichtung entspricht zugleich der Tendenz einer "Juristischen Informatik". In deren Rahmen kann schließlich auch eine methodische "Benutzerforschung" (die wohl weniger kritisch zu sehen sein dürfte, als es der sehr anregende Beitrag von Simitis [Simitis 1974] erscheinen läßt) ihren legitimen Platz finden.

Kapitel 6. Ausbau zu einem erweiterten Informationssystem

6.1 Zur Problematik [1)]

6.1.1 Notwendigkeit des Ausbaus am Beispiel von JURIS

Während sich die vorangegangenen Kapitel im wesentlichen mit Fragen befaßten, wie ein Dokumentretrievalsystem für JURIS verbessert werden kann, soll in diesem Kapitel der Frage nachgegangen werden, ob und inwieweit JURIS über ein Dokumentationssystem hinaus zu einem erweiterten Informationssystem ausgebaut werden muß und kann.

Es wird zunächst gefagt werden, warum JURIS sich nicht mit einem Dokument-Retrieval-Systeme begnügen kann.

Die Antwort soll hier kurz vorweggenommen werden. JURIS als reines Dokument-Retrieval-System könnte nur einen Teil des im Rechtssystem vorhandenen Informationsbedarfs erfüllen. Es kann zur Erreichung der im Systemkonzept [JURIS 1972] beschriebenen Ziele, die mit einem Juristischen Informationssystem erfüllt werden sollen, nur teilweise beitragen. Es sei hier nochmals an die dort aufgeführten Hauptziele erinnert [JURIS 1972,S.36] :

- Beschleunigung der Entscheidungsprozesse ,
- mehr Rechtssicherheit durch Gleichheit und Voraussehbarkeit von Entscheidungen,
- Rechtsinnovation durch Berücksichtigung gesellschaftlicher Veränderungen,
- Transparenz der Rechtsordnung.

JURIS als Dokument-Retrieval-System nimmt zu wenig Rücksicht auf die Benutzer im Rechtssystem, insbesondere auf die Zeit, die ihnen ihrer Rolle entsprechend zur Erlangung der für Entscheidungen benötigten Information zur Verfügung steht. Es ist als Fakten-Retrievalsystem mit den Objekten "Dokument" dadurch gekennzeichnet, daß es bestenfalls leicht interpretierbare Auskünfte über Dokumente zur Verfügung stellt. Der Benutzer

---

1) S. hierzu auch Beitrag 7 (Franzen) in diesem Heft.

bedarf jedoch für seine rollengemäßen Entscheidungen Information nicht über Dokumente, sondern über in Dokumenten beschriebene Regelungen, Daten etc.
Er kann diese Information zwar in vielen Fällen aus den von dem System nachgewiesenen "Dokumenten" gewinnen. Dieser Weg ist jedoch langwierig. Er muß zunächst die meist langen Dokumente lesen, bis er auf die Textstellen stößt, die ihm nach einer Phase der Interpretation die erwünschten Auskünfte geben.

Beispiel: Ein Benutzer fragt nach der Mindeststrafte für eine bestimmte Straftat. Er möchte als Ergebnis nicht den Hinweis auf eine oder mehrere Textstellen, die er zur Antwort heranziehen muß, sondern die Angabe der Mindeststrafe.

Neben diesen, durch die rollenmäßige Zeitknappheit der überwiegenden Mehrheit aller möglichen Benutzer von JURIS herrührenden Beschränkungen ergeben sich aus einem Dokument-Retrieval-System weitere Konsequenzen, die an dem bereits heute erkennbaren Informationsbedarf im Rechtssystem vorbeigehen:

- das Objektsystem eines Dokument-Retrieval-Systems ist unzureichend,
- die Verarbeitungsmöglichkeiten sind unzureichend.

Betrachten wir die Datenbasis eines Informationssystems als Quelle der aus diesem Informationssystem erlangbaren Information, so läßt sich diese zunächst durch ihr Objektsystem beschreiben.
Dazu gehören

- die Objekte,
- die Eigenschaften der Objekte,
- die Relationen zwischen den Objekten.

Grundsätzlich gilt, daß alle "Dinge", über die Benutzer des geplanten Systems Auskünfte benötigen, als Objekte in der Datenbasis definiert werden müssen. Objekte lassen sich Objektarten zuordnen. Definiert werden müssen auch alle Attribute der Objekte, auf die sich die Auskünfte der Benutzer erstrecken werden, sowie alle Relationen zwischen den Objekten und Objektarten.

Beispiel: Bedürfen Benutzer eines allgemeinen juristischen Informationssystems für ihre rollenmäßigen Entscheidungen Auskünfte über die Objektart, Gerichtsverfahren, insbesondere über deren Dauer, Zahl der Beweisaufnahmen, Zustellung, so ergibt sich hieraus die Notwendigkeit, in dem Informationssystem die Objektart GERICHTSVERFAHREN mit den Attributen DAUER, BEWEISAUFNAHMEN und ZUSTELLUNGEN zu definieren.

Setzt sich ein Datenbankdesigner darüber hinweg, so kann das Informationssystem den Informationsbedarf seiner Benutzer nicht decken; ein solches System wird entweder abgelehnt oder muß durch andere Informationssysteme ergänzt werden.

Da ein Dokument-Retrieval-System, wie schon der Name sagt, lediglich Dokumente, d.h. Texte variabler Länge als Objekte kennt, der Informationsbedarf im Rechtssystem sich aber unbestritten auf weitere "Objektarten" richtet, ist es zwingend, daß das Objektsystem eines allgemeinen juristischen Informationssystems neben den Dokumentarten eines Dokument-Retrieval-Systems auch andere Dokumentarten enthält.

Ein Dokument-Retrieval-System weist noch weitere grundsätzliche Beschränkungen auf, die überwunden werden müssen. Es ist im allgemeinen durch wenige Verarbeitungsprogramme gekennzeichnet, die auf Extraktion und Auflistung der "Dokumente" bzw. von bestimmten Teilen zielen [JURIS 1972, Abschnitt 4.2.5.]. Fragestellungen laufen stets auf Boolesche Verknüpfungen von durch Eigenschaften benannte Mengen hinaus.
Diese Beschränkungen in der Verarbeitungsmöglichkeit ist für ein Dokument-Retrieval-System auch sinnvoll. Was soll man außer Extraktion und Auflistung sonst schon mit Texten variabler Länge machen.
Solche Systeme haben demgemäß auch nur eine wenig mächtige Datenmanipulationssprache (DML).

Für andere Objektarten sind diese Datenmanipulationsmöglichkeiten völlig unzureichend. Sie erlauben weder eine sinnvolle Verwaltung und (meist statistische) Verarbeitung von Rechtstatsachen in diesen Systemen noch eine Datenaufbereitung für Modellrechnungen und bieten auch kaum einen Ansatz zum Aufbau eines Frage-Antwort-Systems.

Die bisherige JURIS-Entwicklung hat diese prinzipiellen Erkenntnisse unberücksichtigt gelassen. Notwendige Grundlagenarbeit zum Ausbau eines solchen erweiterten allgemeinen juristischen Informationssystems wurde vernachlässigt.

Es ist zu erwarten, daß JURIS, wenn diese Entwicklung fortgesetzt wird, auf Grund der gewählten Beschränkungen Benutzerbedürfnisse nur in einem so stark eingeschränkten Umfange befriedigen kann, daß der mögliche Nutzen außer Verhältnis zu den erforderlichen Aufwendungen steht.

6.1.2 Forderungen an ein erweitertes Informationssystem

Informationssysteme sollten einem Fragebedürfnis ihrer Benutzer entgegenkommen. Unter diesem Aspekt seien die Forderungen an ein erweitertes Informationssystem noch einmal zusammengefaßt:
In einem einfachen Modell einer Fragesituation ließe sich unterscheiden zwischen

a) dem Frageobjekt ("Über was besteht Unklarheit?"),
b) der Form der Frage selbst (" In welcher Form wird gefragt?") ,
c) der Antwort ("Was und wie wird geantwortet?") und
d) dem Fragezweck ("Was soll mit der Antwort bewirkt werden?").

Ein erweitertes Informationssystem muß in seiner Datenbasis für alle Frageobjekte die geeigneten Objektarten enthalten. Ein Frageobjekt, das zusätzlich zu den selbstverständlichen Frageobjekten juristischer Informationssuche (Normen, Judikate, Literatur) ein erweitertes Informationssystem ausmacht, ist der Komplex der Rechtstatsachen (z.B. Statistiken über soziale Verhältnisse, Prozeßdaten, Strafen, Bußgelder u.ä.).

Die Form der Frage in einem erweiterten Informationssystem, wie es hier verstanden wird, sollte einem möglichst großen Benutzerkreis vertraut sein. Eine wünschenswerte Form wäre die Formulierung in natürlicher Sprache. Sie hätte den Vorteil, daß die meisten Frageinhalte leicht ausgedrückt werden könnten und daß Adaptionen an den jeweiligen Vertrautheitsgrad mit dem Informationssystem weitgehend entfallen könnten.
(Nicht leicht in natürlicher Sprache ausdrückbare Frageinhalte sind z.B. komplexe logische Ausdrücke; an Adaptionen wären lediglich noch Frage-Abkürzungen für gut mit dem System vertraute Benutzer nötig).

Die Antworten in einem erweiterten Informationssystem sollten nicht Verweise auf oder die Anzeige von Textstellen sein, in denen mit mehr oder weniger großer Relevanz auf den Frageinhalt eingegangen wird. Vielmehr muß die Frage direkt beantwortet werden. (Unterscheidung zwischen Referenzretrievalsystemen einerseits und Fakten-Retrieval - und Frage-Antwort-Systemen [1] andererseits.

Beispielsweise sollte auf eine Frage zum Erbrecht hin nicht auf Erbrechtliteratur oder -normen verwiesen werden, sondern es sollten etwa aufgrund der in der Frage angegebenen Verwandtschaftsverhältnisse und sonstigen Umstände genaue Angaben über das Erbteil gemacht werden. Der Zweck einer Frage kann zunächst der Wunsch sein, eine Wissenslücke zu befriedigen. Dieses Lücken-Schließen-Wollen kann zunächst rein "enzyklopädischer Natur" sein: man will sein Wissen quasi zweckfrei aus Gründen der Bildung erweitern; das so ergänzte oder erlangte Wissen kann aber auch als Mittel für eine irgend geartete Veränderung der sozialen oder physischen Umwelt dienen. Dieser Fragezweck rechtfertigt ja u.a. erst die Konstruktion aufwendiger Informationssysteme; er ist häufiger als der "enzyklopädische" (ja selbst das Nur-so-zur-Bildung-wissen-wollen hat u.U. einen Zweck, der auf Veränderung abzielt, etwa auf eine Statusveränderung). Betrachtet man so die herkömmlichen Informationssysteme, so fällt auf, daß sie keine oder wenig Rücksicht auf den Fragezweck nehmen.

Es ließe sich fordern, daß der Zweck der Verändern-Wollens in ein Informationssystem integriert wird, indem ein Teil eines erweiterten Informationssystems eine Simulierung von Veränderungen gestattet, mit dem Ziel, die Folgen der Veränderung erkennen zu können. Während solcher Simulationsrechnungen (Modellrechnung) müßte die gesamte Datenfülle des Informationssystems verfügbar sein.

Beispiel: Die Ermittlung von unter bestimmten Zielvorstellungen optimalen Steuersätzen für den Bereich des Steuerrechts.

Im folgenden soll auf die Möglichkeiten eingegangen werden, die eben genannten Modifikationen von Frageobjekt, Antwort (und damit der Form der Frage) und Fragezweck in absehbarer Zukunft durchzuführen.

---

1) Vgl. [Salton 1968, S. 387 ff.] und [JURIS 1972, S. 83] mit von Salton abweichenden Bezeichnungen.

6.1.3 Zur Realisierbarkeit eines erweiterten Informationssystems

Die bisher genannten wenigen, sowohl von der Zielsetzung als auch von der Methodik verschiedenen Beispiele für mögliche Aufgaben eines erweiterten juristischen Informationssystems mögen andeuten, welche Schwierigkeiten bei dem Versuch auftreten, ein "umfassendes" juristisches Informationssystem aufzubauen. Der Versuch, das Dokumentationssystem lediglich durch schrittweise Erweiterung der Datenbasis (Rechtstatsachen, Daten über Relationen zwischen den Dokumenten usw.) und Hinzufügen der entsprechenden Auswertungsprogramme (Simulationsprogramme, Statistiken usw.) zu einem erweiterten Informationssystem zu machen, ist zum Scheitern verurteilt. Zum einen liegt dies auf der Benutzerseite daran, daß es zu viele oder nicht genau definierte Leitbilder gibt, zum anderen auf der Methodenseite daran, daß das in einem erweiterten System anzuwendende Methodenspektrum äußerst breit sein müßte (neben der Software zum Dokumentretrieval z.B. diskrete Simulationssprachen, statistische Auswertungsprogramme, Programme zur logischen Strukturanalyse usw.).

Es sollte nur für ein genau definiertes Ziel eine bestimmte abgrenzbare Komponente des erweiterten Systems mit der entsprechenden Datenbasis implementiert werden. Dabei muß allerdings auf eine möglichst große Kompatibilität zwischen gleichzeitig oder später zu implementierenden Komponenten geachtet werden.
Es bleibt vorerst offen, welche Komponenten miteinander verträglich sind und in welchem Umfang so divergierende Komponenten wie Verarbeitung und Frage-Antwort-Möglichkeiten zu <u>einem</u> System verschmolzen werden können. Es ließe sich auch an getrennte Systeme denken, die untereinander Daten austauschen und die für den Benutzer über eine möglichst einheitliche Benutzersprache zugänglich sind.

Gerade wegen der Vielfalt möglicher Aufgaben für juristische Informationssysteme sollte mit systemanalytischen Mitteln versucht werden, dieses weite Gebiet sowohl von den Zielen, als auch von der methodischen und DV-Seite zu gliedern und strukturieren. Dies ist besonders wichtig unter Kosten-Nutzen-Überlegungen, wenn man z.B. vor der Frage steht, ob ein juristisches Dokumentationssystem, statistische Untersuchungen der Rechtstatsachenforschung oder Simulationen auf dem Gebiet der Verfahrensforschung den größeren Beitrag zum übergeordneten Ziel der Rechtssicherheit leisten.

Unterschiedlich je nach Komponente eines erweiterten, juristischen Informationssystems muß der Aufwand gesehen werden, der zur Realisierung und Integrierung notwendig ist. Am ehesten lassen sich sicherlich Teile der Rechtstatsachen-Komponente angehen. Aber auch hier und erst recht bei der Simulations-Komponente und bei der Frage-Antwort-Komponente handelt es sich um Themen, die zu einem erheblichen Teil der Grundlagenforschung zugewiesen werden müssen. Bei aller Notwendigkeit aufgrund schon jetzt bekannter Benutzerbedürfnisse muß sich der technologische Optimismus in Grenzen halten.

6.2. Frage-Antwort-Systeme

Die während der letzten zehn Jahre mit mehr oder weniger großem Erfolg betriebene Entwicklung [1)] auf dem Gebiet der Frage-Antwort-Systeme bekam und bekommt ihren Impetus aus einem Phänomen, das bei oberflächlicher Betrachtung fast ein Entwicklungsprizip der Technik genannt werden kann, aus dem Phänomen, daß technische Entwicklungen u.a. eine Tendenz zur Anpassung an menschliche Grundfähigkeiten ("Humanisierung") auf dem jeweiligen technisch zu realisierenden Gebiet haben. So fällt auf, daß im Nachrichtenweitverkehr die "inhumane" Morsetechnik durch den "humanen" Funksprechverkehr abgelöst wurde; eben weil die Äußerung von Nachrichten in Form von kurzen und langen Tönen keine menschliche Grundfähigkeit ist, wohl aber die gesprochene Sprache. Ebenso läßt sich in der Entwicklung der Programmiersprachen eine Tendenz zur "Humanisierung" erkennen: die Assemblersprachen lösten die Programmierung im Maschinencode ab, sie selbst wurden von den problemorientierten Sprachen abgelöst, die Anklänge an die natürliche Sprache enthalten (IF...THEN, GO TO). Neuerdings sind gar schon Versuche zu verzeichnen, in natürlicher Sprache zu programmieren. In Frage-Antwort-Systemen spiegelt sich die Tendenz zur "Humanisierung" der Dokumentations- oder Referenzretrieval-Systeme wider, und zwar durch Ablösung des Literatur-

---

1) Hier konnten nur einige Fakten und Meinungen zu Entwicklungstendenzen exemplarisch wiedergegeben werden. Insbesondere konnte keine Darstellung der experimentellen Frage-Antwort-Systeme gegeben werden. Siehe hierzu u.a. [Minsky 1968] , [Lockemann 1974] , [Salton 1968] .

nachweises als Antwort durch eine echte Antwort, durch Ablösung der starren Wiedergabe von Datenbanken- oder Dateiinhalten durch die inhaltlich-logische Weiterverarbeitung, die auch den Zugriff zu deduktiv oder induktiv Erschließbarem, nicht explizit in der Datei Enthaltenem erlaubt, und schließlich durch die damit eng verbundene Benutzung von natürlicher Sprache als Anfragesprache.

Selbstverständlich ist die Anpassung an menschliche Gewohnheiten nicht der ausschließliche Grund zu dieser Entwicklung. Ebenso bedeutungsvoll ist die Notwendigkeit zur Verbesserung der Retrievalqualität. Hier sei z.B. auf die stiefmütterliche Rolle der sogenannten Stoppwörter (Funktionswörter) in den Dokumentationssystemen verwiesen und auf ihre essentielle Rolle bei einer inhaltlich exakteren Analyse, wie sie in Frage-Antwort-Systemen notwendig wird [1]: Aus dem warnenden Satz [2]

> Wenn solche Stimmen recht behielten, wäre das schlimm für uns alle. Schon die Gefahr einer solchen Entwicklung sollte uns wachsam sein lassen.

läßt sich nicht entnehmen, wovor gewarnt wird (Verdunklung der Rechtsordnung durch Informationskrise), weil Stoppwörter auf vorhergehende inhaltstragende Wörter zurückverweisen, und doch ist der Satz wesentlich für den Text, aus dem er stammt (etwa wenn gefragt würde "Wovor warnt der Autor" oder "welche Meinung hat der Autor zur Informationskrise?").

Beschreibt oder analysiert man Texte inhaltlich unzureichend (etwa durch Wahl einer zu niedrigen sprachlichen Beschreibungsebene, vgl. Abb. 6.1), so kann man nicht erwarten, daß ihr Inhalt vollständig und richtig von einem Informationssystem wiederaufgefunden werden kann.
Als weiterer Hinweis auf die Verbesserungswürdigkeit von Retrievalverfahren sei ein (simplifiziertes) Beispiel für die Notwendigkeit von deduktiven Verfahren gegeben,[3]

---

1) S. z.B. [Salton 1968], S. 393 f.

2) [JURIS 1972], S. 3 (Vorwort).

3) Vgl. z.B. auch das von [Salton 1968], S. 405 ff. zitierte Beispiel.

Paragraphengruppe , Text

Satzgruppe , paragraph , discourse

Satz

Wortgruppe , Syntagma , phrase

Wort

Morphem : Stamm ,
Affix : Präfix , Suffix
Infix , Fugenzeichen

Buchstabe , Graphem

Laut , Phönem

Abb. 6.1: Sprachliche Inhaltsbeschreibungsebenen

das gleichzeitig auf die Möglichkeiten und Schwierigkeiten von Frage-Antwort-Systemen hinweisen soll (Abb. 6.2, 6.3 und 6.4). Betrachtet werden soll eine fiktive Datei (Abb. 6.2), die aus vereinfachten Verwandtschaftsangaben besteht. Bezogen auf diese Daten sollen Fragen formuliert werden:

a) "Wer ist die Tante von Barbara?"

In der Reihenfolge der Fragen ist dies die am einfachsten zu beantwortende Frage; die Antwort kann durch Satzvergleich beantwortet werden. Antwort: (18) [1] Rita ist die Tante von Barbara.

1) Satznummer in der Datei, s. Abb. 6.2.

b) "Wer ist die Tochter von Otto?

Zur Beantwortung dieser Frage genügt nicht der bloße zeichenweise Vergleich von Frage und Text.

Nur mit Hilfe einer <u>syntaktischen</u> <u>Transformation</u> erhält man das Ergebnis:

(6) Ottos Tochter ist Barbara

Transformation: A's Tochter ist B →
B ist die Tochter von A

Antwort: (6) Barbara ist die Tochter von Otto

1	Peter ist der Großvater von Otto
2	Otto ist der Mann von Hilde
3	Hildes Mutter ist Inge
4	Heinrich ist der Enkel von Inge
5	Paul ist der Bruder von Heinrich
6	Ottos Tochter ist Barbara
7	Barbaras Tante ist Maria
8	Pauls Mutter ist Karin
9	Hildes Enkelin ist Ursula
10	Heinrichs Großvater ist Franz
11	Hildes Vater ist Fritz
12	Pauls Großmutter ist Jutta
13	Ottos Vater ist Franz
14	Ottos Großmutter ist Hedwig
15	Dieter ist der Bruder von Franz
16	Franz ist Schwager von Leberecht
17	Maria ist die Schwägerin von Sigi
18	Rita ist die Tante von Barbara

<u>Abb. 6.2:</u> Datei "Verwandtschaftsangaben"

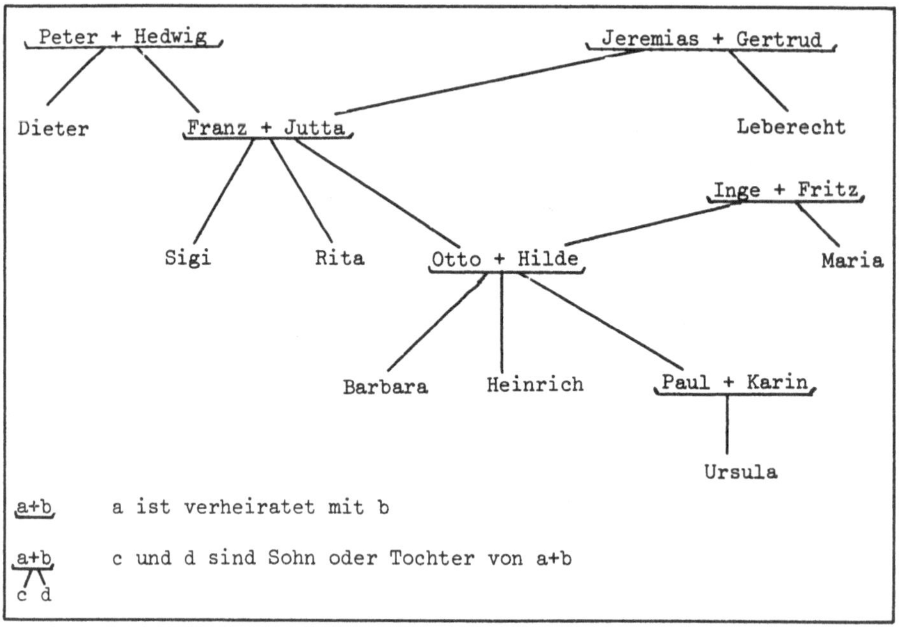

Abb. 6.3: Hierarchische Darstellung der Datei "Verwandtschaftsangaben" (eine der möglichen Lösungen).

Frage: Wer ist der Großvater von Rita?

1. (18) Rita Tante Barbara
   einzige Aussage über Rita,

   weiter bei Barbara:

2. (7) Barbara Tante Maria
3. (8) Barbara Tochter Otto
   keine weiteren Aussagen über Barbara, keine Großvater-Relation,

   weiter bei Otto:

4. (1) Peter Großvater Otto
5. (2) Otto Mann Hilde

Abb.6.4,Teil 1: Beispiel für die Deduktion einer Antwort in der Datei " Verwandtschaftsangaben ".

6. (13) Franz Vater Otto
7. (14) Hedwig Großmutter Otto

Priorität Mann- oder Vater-Relation

Schluß:

(A Tochter B) ∧ (B Mann C) →

C Mutter A

8. (a) [(8) (2)] Hilde Mutter Barbara

(2) Otto Mann Hilde
(a) Hilde Mutter Barbara
(18) Rita Tante Barbara

Schluß:

(A Mann B) ∧ (B Mutter C)
∧ (D Tante C) → A Bruder D

9. (b) [(2) (a) (18)] Otto ist Bruder von Rita

(1) Peter Großvater Otto
10. (b) Otto Bruder Rita

Schluß:

(A Großvater B) ∧ (B Bruder C)
→ A Großvater C

11. (c) [(1) (b)] Peter ist Großvater von Rita (= Antwort)

Abb. 6.4, Teil 2: Beispiel für die Deduktion einer Antwort in der Datei "Verwandtschaftsangaben"

c) "Wer ist der Großvater von Rita?"

Hier versagen die bei den Fragen a) und b) verwendeten Verfahren. Die Antwort muß unter Zuhilfenahme von Hilfssätzen, die die Relationen "Vater von, Großvater von, etc." untereinander in Beziehung setzen, erschlossen werden (Deduktion). Die einzelnen Schritte sind in Abbildung 6.4 dargestellt. Dabei wurde davon ausgegangen, daß die Texte schon auf die in ihnen enthaltenen Relationen (Tante) zurückgeführt sind. Die Relationen sind unterstrichen. Die Antwort erfolgt in insgesamt elf Schritten, wovon drei Schritte Schlüsse sind und acht Schritte Such - schritte bezüglich eines bestimmten Namens. Die Reihenfolge der Schritte wird gesteuert durch eine von der Frage abhängige Suchtaktik (sie wird in Abbildung 6.4 durch Kommentare angedeutet).

Das Beispiel zeigt, wie relativ kompliziert die Beantwortung einer einfachen Frage sein kann, auch wenn der zugrunde liegende natürlich-sprachlichen Datenbestand sehr klein und in sich abgeschlossen [1)] ist. Die Schwierigkeiten, die sich in der Praxis an echten Daten ergeben, lassen sich aus diesem Beispiel gut ersehen.

Zur Ergänzung des fiktiven Beispiels in Abbildung 6.4 und zur Kennzeichnung des Entwicklungsstandes, wie er dem potentiellen Benutzer erscheint, sind in Abbildung 6.5 einige Dialogbeispiele zusammengestellt. Es handelt sich dabei um Beispiele aus den Systemen CONVERSE [Kellog 1968] , DELFI [Kontos 1971] , REL [Thompson 1969] , PROTOSYNTHEX III [Schwarcz 1970] , und KAIFAS [Lockemann 1974] .

Die Beispiele sind zum Teil lediglich insofern verändert, als Kontrollausgaben der Systeme weggelassen wurden und einige Inkonsequenzen beseitigt wurden, denen anzusehen war, daß sie leicht abgeändert werden können. Es wurden bewußt divergente Anwendungsfälle gewählt; für alle Systeme läßt sich sagen, daß sie ebenso gut für andere Anwendungen, als die in den Dialogbeispielen gezeigten, geeignet sind.

---

1) Verwandtschaftsrelationen sind ein Beispiel für stark voneinander abhängige Relationen. Sie sind Teil der natürlichen Sprachen (bzw. der von ihnen beschriebenen Welt), die darüberhinaus über eine Vielzahl von andersartigen Relationen verfügen. Trotz seiner Künstlichkeit erschien das Beispiel daher typisch. Im Rahmen des Erbrechts hätte obiges Beispiel auch in seiner vorläufigen Form unmittelbaren praktischen Nutzen.

CONVERSE

(1) DO ANY LARGE SMOGGY EASTERN CITIES EXIST ?
ANSWER
YES

(2) LET LARGE INCLUDE A POPULATION THAT IS OVER 500,000 AND A QUANTITY OF MANUFACTURING ESTABLISHMENTS THAT IS OVER 8,000.
IN

(3) WHAT ARE THE SMOGGY EASTERN CITIES ?
ANSWER.
(CITY IS NEW*YORK)

(4) FORGET LARGE.

DELFI Die Fragen beziehen sich auf folgende Bilder:

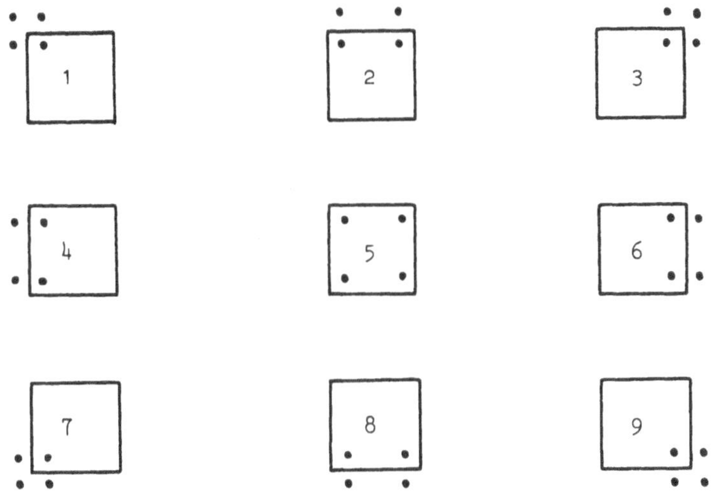

Abb. 6.5, Teil 1: Dialogspiele (Systeme CONVERSE und DELFI)

QUESTION

A DOT WHICH IS INSIDE THE BOX IS LOWER THAN A DOT WHICH IS OUTSIDE THE BOX

QUESTION

EACH DOT WHICH IS OUTSIDE THE BOX IS LOWER THAN A DOT WHICH IS INSIDE THE BOX.

(Antwort:)

PICTURE	1ST	2ND
1	T	F
2	T	F
3	T	F
4	T	F
5	F	F
6	T	F
7	F	F
8	F	T
9	F	F

(T true, F false)

REL

What was the average between 1964 and now of the incomes of each woman who was not married?

Sue Smith	0
Sally Smith	10,892.3

Each Jones lived in what city when Jill Jones arrived in Los Angeles?

Mary Martin Jones	Boston
Jack Jones	Boston
Jill Jones Smith	Los Angeles
John Jones	Boston

Did Stan Smith marry Jill Jones and live in Los Angeles?

Yes

Abb. 6.5, Teil 2: Dialogbeispiele (Systeme DELFI und REL)

```
What were the incomes of Steve Smith's parents after Steve Smith arrived?
Jill Jones Smith         4,000 August up to December, 1962
                             0 from 1963 up to June 1969
Stan Smith               8,000 August up to December, 1962
                         9,000 in 1963
                        10,000 from 1964 up to 1967
                        11,000 from 1967 up to June 1969
```

<u>PROTOSYNTHEX III</u>

<u>READY--</u>

THERE IS A MONKEY. .CONCRETE LOC PLACE.

<u>READY--</u>

THERE IS A BOX.

<u>READY--</u>

THERE ARE SOME BANANAS.

<u>READY--</u>

THE BANANAS ARE HIGHER THAN THE MONKEY. .OBJECT LOCREL OBJECT.

<u>READY--</u>

THE BANANAS ARE HIGHER THAN THE BOX.

<u>READY--</u>

THE BOX IS AN ELEVATED-OBJECT.

<u>READY--</u>

THE MONKEY MOVE THE BOX TO THE BANANAS. .ANIMAL CHANGE CONCRETE.
CHANGE DIRECTION TOP.

<u>READY--</u>

THE MONKEY STAND ON THE BOX. .ANIMAL ACT*** ,ACT REL OBJECT.

<u>Abb. 6.5, Teil 3:</u> Dialogbeispiele (Systeme REL und PROTOSYNTHEX III)

READY--

THE MONKEY REACH FOR THE BANANAS.

READY--

TO BE LOWER THAN IS THE INVERSE OF TO BE HIGHER THAN.

READY--

TO BE MOVED IS THE INVERSE OF TO MOVE.

READY--

TO BE MOVED TO IS TO BE AT.

READY--

TO BE LOWER THAN AND BE AT IS TO BE UNDER.

READY--

TO STAND ON AN ELEVATED-OBJECT UNDER AND REACH FOR IS TO REACH.

READY--

DOES THE MONKEY GET THE BANANAS?

MONKEY REACH BANANAS.

KAIFAS

SIND ALLE PHENOTHIAZINDERIVATE DRAGEES?

NEIN

WELCHE KRANKHEITEN SIND INDIKATION WELCHER PHENOTHIAZINDERIVATE?

PSYCHOSEN	PROTACTYL
PSYCHOSEN	MELLERIL
PSYCHOSEN	IAXILAN
PSYCHOSEN	NEUROCIL
PSYCHOSEN	MEGAPHEN
PSYCHOSEN	ESUCOS

Abb. 6.5,Teil 4: Dialogbeispiele (Systeme PROTOSYNTHEX und KAIFAS)

PSYCHOSEN	AOLEPT
PSYCHOSEN	DECENTAN
PSYCHOSEN	RANDOLECTIL
PSYCHOSEN	PONSITAL
PSYCHOSEN	LYOGEN
PSYCHOSEN	MAYEPTIL
SCHIZOPHRENIEN	LYOGEN
SCHIZOPHRENIEN	MAYEPTIL
INVOLUTIONSPSYCHOSEN	KEINER
ERBRECHEN	PSYQUIL
ANGSTZUSTÄNDE	PSYQUIL
ORGANBESCHWERDEN	PASADEN
ORGANBESCHWERDEN	JALONAC
HYPERAKTIVITAET	JATRONEURAL
ANTRIEBSSTOERUNGEN	JATRONEURAL
VEG.-DYSTONIE	OMCA
DEPRESSIONEN	KEINER
NERVOSITAET	KEINER

Abb. 6.5,Teil 5: Dialogbeispiele (System KAIFAS)

Die Schwierigkeiten bei der Erstellung von einsatzfähigeren Frage-Antwort-Systemen liegen zum einen in der Wahl der geeigneten formalen Darstellungsform von sprachlichen Inhalten und der Überführung der sprachlichen Texte in diese Darstellung, zum anderen in der logischen Verarbeitung des Suchinhaltes und des Dateninhaltes, die nach einer angebbaren Taktik in einer endlichen Zahl von Schritten zu einer Antwort oder dem Beweis der Nichtbeantwortbarkeit kommen muß.[1] Die Optimierung und Begrenzung der Deduktionsschritte ist zugleich äußerst notwendig, um die Rechenzeiten und damit die Antwortzeiten auf ein erträgliches Maß zu beschränken. Hier zeigen einige Autoren wenig Optimismus, andere mehr:

1) Siehe hierzu [Simmons 1970] , [Salton 1968] , [Lockemann 1974] , [Nievergelt 1972] ; zur sprachlichen Seite [Montgomery 1972] und [Kay 1971] .

"... if some 20 steps are needed to answer a simple question with a corpus of five statements 1), many millions of steps may be expected to be required for practical corpora of a few thousand statements."
"...(complications arise) when an infinite number of deductive steps are created..." [Salton 1968, S. 409]

"Deductive operations, though undeniably powerful, still generally lack adequate heuristic controls to limit the extent to searching an infinite inference tree. Little has been done so far to incorporate inductive inference procedures." [Simmons 1970, S. 28]

"Ob eine Frage beantwortbar ist, läßt sich ...nicht stets in endlicher Zeit klären. Nun sollte man diese Schwierigkeit nicht überschätzen, denn auch bei entscheidbaren Verfahren ist die Schrittzahl zwar endlich, aber nach oben unbegrenzt. Man muß also aus praktischen Erwägungen - beschränkte Rechenzeit oder Antwortzeit - in jedem Fall nach Abbruchkriterien suchen".
[Lockemann 1974, S. 269]

"In einem Frage-Antwort-System, in dem sehr viele Nachrichten gespeichert sind, ist die Zahl der Axiome außerordentlich hoch. Ableitungsbäume wuchern sehr rasch aus, hohe Rechenzeiten sind die Folge. Deduktive Frage-Antwort-Systeme sind deshalb bis heute nur für vergleichsweise kleine Gegenstandbereiche eingesetzt worden."
[Lockemann 1974, S. 270]

Ähnliches gilt für die Umsetzung der inhaltlichen Strukturen von natürlicher Sprache in formale Notationen:

"The difficulties inherent in an effective semantic analysis are a principal cause for the slow progress in the design of useful question answering systems."
[Salton 1968, p. 392]

"(Protosynthex III)[2] demonstrates that very sophisticated language processing operations are well within the range of today's computing technology - though so far only for small subsets of the language."

"...taken as a whole it is apparent that the field has developed techniques for at least minimal management ... of language processing."
"... syntactic analysis is accomplished effectively with reasonable efficient algorithms ..."
"... syntactic analysis still generally ignores most of the syntactic subtleties of English including agreement, punctuation, pronoun reference, treatment of comparatives, etc."

---

1) Im System von Black aus dem Jahre 1964.

2) Ein Frage-Antwort-System von Simmons,Schwarz et al., s. Abb. 6.5.

"With respect to semantics, the situation is encouraging but not yet well developed. ...However, no one has yet experimented with more than the barest of literal content - the richness of language in terms of metaphoric and connotational content is completely untouched." [Simmons 1970, S. 24-26]

"Few systems go beyond the sentence boundaries ..." [Simmons 1970, S. 29]

"Es liegt vor allem an der Syntaxanalyse, daß sich Frage-Antwort-Systeme oftmals zu linguistischen Projekten auswachsen. ...Während man ... einerseits bei Frage-Antwort-Systemen von gewissen natursprachlichen Formulierungen guten Gebrauch machen könnte, muß man sich andererseits vor aufwendigen Grammatiktypen und Analyseverfahren hüten." [Lockemann 1974, S. 249]

So ist denn auch der Grad der Zukunftsgläubigkeit bei den einzelnen Autoren durchaus unterschiedlich:

... the basic storage and timing problems are so severe as to suggest that practical deductive systems are not as yet a reality." [Salton 1968, p. 409]

"... the transition from automatic reference retrieval systems ... to automatic question answering systems ... is not an easy one to make. There exist no operational systems ... and the outlook for the development ... in the foreseeable future is not good ... The few existing systems that are implemented are experimental and cannot be said to be reasonable prototypes for future development." [Salton 1968, S. 412-413]

"Researchers are keenly aware that lying in wait for them is the gargantuan task of encoding tens of thousands of dictionary items and enumerable syntactic, semantic, and logical inference rules for accomplishing on a large scale those language processing tasks that experiment has shown possible with small subsets of a language. ... it is safe to assume that researchers will discover an entiren new spectrum of problems deriving from the complexity that comes with size." [Simmons 1970, p. 27]

"... (man sollte) wohl deduktive Verfahren nur für beschränkte Aufgaben und im Zusammenwirken mit anderen Verfahren einsetzen." 1) [Lockemann 1974, S. 270]

---

1) Etwa nicht-deduktive Verfahren wie der mengentheoretische Ansatz im System KAIFAS [Lockemann 1974].

Das bisher Gesagte und Zitierte kann man wie folgt zusammenfassen: Ein großer technologischer Wille gestützt durch vielversprechende Erfolge im engbegrenzten Detail und große technische Schwierigkeiten treffen aufeinander, ohne daß Mißerfolge oder Erfolg der einen oder der anderen Seite zur Zeit absehbar wären.

Wenn man trotz der evidenten Schwierigkeiten die weitere Beschäftigung mit Frage-Antwort-Systemen befürwortet (dies könnte aufgrund von selbständiger Unzufriedenheit mit den Leistungen von Dokumentationssystemen geschehen), so könnte und müßte man folgende Themen bearbeiten:

- Versuche mit verschiedenen Typen und Mischtypen von Frage-Antwort-Systemen (entsprechend den möglichen Kombinationen in Abb. 6.6). Besteht die Datei aus vielen Objekten und vielen Relationen, so ergeben sich auch bei den Typen II und IV Schwierigkeiten.

		Datenbasis			
		stark strukturiert		wenig strukturiert (Texte)	
		Inferenz	keine Inferenz	Inferenz	keine Inferenz
Abfrage-sprache	wenig formalisiert (natürliche Sprache)	I	III	V	VII
	stark formalisiert	II	IV	VI	VIII

Abb. 6.6: Systemtypen Frage-Antwort-Systeme

- Versuche, in Experimentalsystemen bewährte Verfahren auf große Datenbasen anzuwenden.
- Theoretische und praktische Entwicklung von heuristischen Kontrollver- verfahren zur Beschränkung von Inferenzabläufen.
- Überprüfung neuerer Hardware-Möglichkeiten hinsichtlich ihrer Verwendbarkeit zur Beschleunigung von sprachanalytischen und Inferenzverfahren.
- Analyse neuerer Programmiertechniken (Programmiersprachen)[1].
- Vervollkommnung von syntaktischen Analyseverfahren, insbesondere Entwicklung von Verfahren, die Zusammenhänge zwischen Sätzen, die Abkürzungs- und Referenzmöglichkeiten sowie die Möglichkeiten bildlicher und übertragener Redeweise berücksichtigen.
- Weiterentwicklung und Anwendung von Formalisierungs- und Darstellungsverfahren für Sprachinhalte (Semantik)[2].
- Kombination von Frage-Antwort-Verfahren mit Verfahren des "automatic extracting"[3] (gezielter Display von relevanten Sätzen einschließlich der Sätze, von denen auf sie verwiesen wird und auf die sie verweisen).
- Bezogen auf die Problematik juristischer Informationssysteme: Auswahl geeigneter Rechtsgebiete zum Austesten bewährter und neu zu entwickelnder Verfahren.
- Bezogen auf den deutschen Sprachraum:
  Überprüfung der für das Deutsche entwickelten Syntaxalgorithmen auf ihre Brauchbarkeit im Rahmen von Frage-Antwort-Systemen.

---

1) [Simmons 1970] weist daraufhin, daß ein Teil des relativen Erfolgs der neueren Frage-Antwort-Systeme auf die Verwendung von Sprachen wie LISP, SNOBOL zurückzuführen ist.

2) Wenig Optimismus hinsichtlich der linguistischen Seite "(linguistic engineering" und theoretische Linguistik) läßt sich aus [Kay 1971] herauslesen: "... theoretical linguists have steadily quickened the pace of their retreat from science into philosophy and metaphysics." "Linguists are ... uninterested in practical problems ..." (S. 159).

3) Einen knappen Überblick von Extracting-Verfahren gibt [Müller 1973, S. 55 ff.]

6.3 Rechtstatsachen

Der Begriff der Rechtstatsachen ist schillernd. Eine Aufgabe für die nächste Zeit wird darin liegen, seinen Inhalt zu bestimmen. Ein Ansatz hierfür könnte die nachfolgende Betrachtungsweise sein (vgl. auch den abweichenden Ansatz im Beitrag Franzen).
Wir betrachten das Rechtssystem entsprechend [JURIS 1972] (Kapitel 2 und 3) als System, bestehend aus Instanzen und Kanälen. Wir interessieren uns dabei in erster Linie für die in diesem System ablaufenden Prozesse, die wir zur Unterscheidung von Gerichtsverfahren im folgenden Systemprozesse nennen.

Ziel der Rechtstatsachenforschung ist es nun, diese Systemprozesse zu optimieren. Durch Zurverfügungstellung von Rechtstatsachen sollen den Instanzen sinnvolle Eingriffs- bzw. Steuerungsmöglichkeiten aufgezeigt, ihnen die voraussichtlichen Folgen von Eingriffen aufgezeigt werden.

Wir unterscheiden die Systemprozesse in zwei Klassen:

- ausgezeichnete System-Prozesse, die dadurch gekennzeichnet sind, daß sie in förmlichen, rechtlich geregelten Verfahren ablaufen unter Mitwirkung ausgezeichneter Instanzen (z.B. Gerichtsverfahren),
- Standard-System-Prozesse, worunter wir das rechtlich geregelte Verhalten außerhalb ausgezeichneter Systemprozesse verstehen. Die Beschränkung auf rechtlich geregeltes Verhalten müssen wir wählen, um die Objekte unserer Betrachtungsweise von solchen außerhalb des betrachteten Rechtssystems abgrenzen zu können.

Als Standard-System-Prozesse können wir beispielsweise betrachten:

- das Verhalten von Teilnehmern im Straßenverkehr, z.B. die Zahl der Unfälle, die Geschwindigkeit etc.,
- die Reaktion des Marktes, insbesondere der Preise, auf eine Änderung der Kartellgesetzgebung (Aufhebung von Preisbindungen),
- die gleichgeschlechtliche Betätigung bei verschiedener strafrechtlicher Regelung (Zahl, Verteilung über Altersgruppen, gesellschaftliche Gruppen etc.).

Die ausgezeichneten Systemprozesse laufen im Verhältnis zu den Standard-System-Prozessen auf einer Meta-Ebene ab. In ihnen wird über streitige Standard-System-Prozesse entschieden. Etwas vereinfacht ausgedrückt läßt sich sagen, die ausgezeichneten Systemprozesse laufen nach Verfahrensrechtlichen Rechtsvorschriften, die Standard-System-Prozesse nach materiellrechtlichen Rechtsvorschriften ab.

Entsprechend dieser Unterteilung der Systemprozesse wollen wir auch die Instanzen des Rechtssystems unterteilen. Zu den "ausgezeichneten System-Instanzen" rechnen wir dabei diejenigen Instanzen, die auf Grund ihrer Rolle in ausgezeichneten Systemprozessen mitwirken (in Gerichtsverfahren z.B. Richter, Staatsanwalt, Verteidiger, im Gesetzgebungsverfahren Bundestag, Bundesrat, Bundesregierung).

Standard-Systeminstanzen sind alle anderen Teilnehmer am Rechtsverkehr, z.B. Mieter und Vermieter, Käufer und Verkäufer .

Ein Informationssystem, das Auskünfte über Rechtstatsachen vermitteln will, wird demnach in das Objektsystem seiner Datenbasis zumindest folgende Objektarten aufnehmen müssen:

- Standard-System-Prozesse,
- ausgezeichnete System-Prozesse,
- Standard-System-Instanzen,
- ausgezeichnete System-Instanzen.

Welche Attribute bei den jeweiligen Objektarten, die mit Sicherheit weiter unterteilt werden müssen, aufgenommen werden sollen, wird sich erst nach einer sorgfältigen Analyse des zu befriedigenden Informationsbedarfes festlegen lassen. Gleiches gilt für die Frage, welche Relationen zwischen den Objekten festgehalten werden sollen.

Ein computerisiertes Informationssystem, das Auskünfte über Rechtstatsachen vermittelt, darf sich nicht auf die Betrachtung ausgezeichneter System-Prozesse und ausgezeichneter System-Instanzen beschränken, wenn auch diese zunächst im Vordergrund stehen werden.

Bei Überlegungen zu einem solchen Informationssystem für Rechtstatsachen wird man zu bedenken haben, daß auf Teilgebieten dieses Bereichs bereits computerisierte Informationssysteme bestehen (z.B. Justizstatistik). Es wird vor allem auch darum gehen, sinnvolle Schnittstellen zu diesen anderen Teilsystemen zu finden.

Bei der Festlegung der Datenstruktur für die Datenbasis eines solchen erweiterten Informationssystemes wird die Frage mit im Vordergrund stehen, wie "fein" die Daten sein müssen, um die vom Benutzer erwarteten Auskünfte erteilen zu können.

Da es sich bei den Rechtstatsachen nicht nur um Individualdaten handelt, Auskünfte vielmehr oft nur über aggregierte Daten sinnvoll sind, müssen Struktur und Datenhandhabungsmöglichkeiten so gewählt werden, daß die benötigten Aggregate erzeugt werden können. Unter dem Gesichtspunkt, übermäßigen Aufwand und besonders einen "Datenfriedhof" vermeiden zu wollen, wird auch die Frage zu beantworten sein, ob und inwieweit "vollständige" Daten erforderlich sind und inwieweit man sich mit einer aussagekräftigen Auswahl begnügen kann.

6.4 Modelle

In einem erweiterten juristischen Informationssystem müßte neben den Dokument- und Fakten-Retrieval die Möglichkeit gegeben sein, Modellrechnungen durchführen zu können. Diese Modelle würden insbesondere im Bereich der Gesetzesplanung dazu dienen, die Auswirkungen geplanter Gesetze zu analysieren und quantitativ zu erfassen.
Beispiele für diese Problemtypen sind:

- Welche Auswirkungen hat bzw. wird ein geplantes Steuergesetz auf den Konjunkturverlauf haben?
- Wieviele Prozesse kommen wahrscheinlich auf die Gerichte zu, wenn ein bestimmtes Gesetz verabschiedet wird?

Der Zusammenhang der "Modellkomponente" eines erweiterten juristischen Informationssystems mit einem Dokumentationssystem und einem Frage-Antwort-System kann folgendermaßen gesehen werden. Die Struktur der für die

Gesetzesplanung aufgestellten Modelle ist abhängig von den inhaltlichen Aussagen der für das betreffende Rechtsgebiet (den Problembereich des Modells) relevanten Gesetze. Aufgabe des Dokumentationssystems ist es also, alle Gesetze aufzuzeigen, die bei der Modellkonstruktion berücksichtigt werden müssen.

Darüber hinaus kann die Rolle des Frage-Antwort-Systems so gesehen werden, daß die für die Modellkonstruktion relevanten Fakten, Rechtstatsachen, Relationen zwischen Gesetzen usw. aus den zugrunde liegenden Dokumenten durch eine automatisierte Strukturanalyse herausgezogen werden, ohne daß der Modellbauer in jedem Fall alle möglicherweise relevanten Gesetze analysieren muß.

Die "Modellkomponente" eines erweiterten Systems darf keinesfalls als ein allgemeines EDV-unterstütztes juristisches Planungssystem angesehen werden, sondern ist eher eine "Methodenbank" für genau definierte, abgrenzbare Ziele. Der Versuch, ein allgemeines Planungssystem (problemlösendes System) aufzubauen, wäre wegen der zahlreichen bzw. nicht genau definierten Benutzerleitbilder, vgl. 6.1.3., wenig aussichtsreich.

Zum heutigen Stand der Entwicklung, "State of the Art", läßt sich folgendes sagen. Die Wünschbarkeit einer Methodenbank für wiederkehrende Problemtypen im Bereich der juristischen Planung und Rechtspflege wurde zwar mehrfach in der Literatur betont (vgl. [Boyd 1972]), Ansätze für ein solches System gibt es jedoch noch nicht. Vielmehr wurden ad hoc für eine konkrete Aufgabe Modelle entwickelt, ohne daß diese als integrierte Bausteine eines erweiterten Informationssystems angesehen werden konnten. Als Beispiel seien die in den USA entwickelten Simulationsmodelle von Strafverfahren und der Strafrechtspflege genannt (vgl. [Belkin 1972], [Taylor 1968]) Hauptziel war die Analyse und Verringerung der im System auftretenden Warteschlangen, also eine zwar wichtige, jedoch eng umgrenzte Problemstellung, zu deren Untersuchung diskrete Simulationssprachen, wie z.B. GPSS im Projekt COURTSIM, durch geeignet sind. In anderen Fällen sind die Ergebnisse von Simulationsrechnungen weniger ermutigend. Zur Steuerreform wurden z.B. von Koalition und Opposition ebenfalls Modellrechnungen durchgeführt, die aber jeweils verschiedene Ergebnisse brachten.

Da es sich schon bei der Konstruktion eines einzelnen Modells der oben genannten Art einschließlich Programmierung, Austesten usw. um Projekte von mehreren Mannjahren handelt, ist mit dem erfolgreichen Aufbau einer juristischen Methodenbank innerhalb eines erweiterten Informationssystems jedenfalls in naher Zukunft nicht zu rechnen.

W o r t h ä u f i g k e i t e n i n d e r D a t e n b a s i s

V e r f a s s u n g s r e c h t

Dr. Friedrich Gebhardt

Übersicht | Seite

Zusammenfassung

Der Aufbau der Testdatenbasis Verfassungsrecht (1003 Dokumente im Volltext mit ca. 3 Millionen Wörtern) ergab die Gelegenheit, verschiedene statistische Auswertungen über Worthäufigkeiten vorzunehmen. Im Vordergrund stand kein linguistisches Interesse, sondern es wurden Anzahlen bestimmt, die für den Aufbau großer Dokumentationssysteme mit Speicherung von Langtexten von Bedeutung sind. Teilweise wurden auch ähnliche Daten aus anderen Quellen zusammengetragen.

Behandelt werden u.a.:

- Abhängigkeit der Zahl verschiedener Wortformen oder Stammwörter von der Größe der Datenbasis,
- Anteil der nur ein- oder zweifach vorkommenden Wörter,
- Aufteilung auf mehrere Wortarten,
- Verteilung der Worthäufigkeiten,
- Verteilung der Anzahl verschiedener Wortformen je Stammwort,
- häufigste Wörter,
- Verteilung der Wortanfänge auf Buchstabenpaare,
- Extrapolation einiger Ergebnisse auf eine Datenbasis der für JURIS geplanten Größe.

Ferner wird versucht, einen Zusammenhang zwischen der Vorkommenshäufigkeit eines Wortes in der Datenbasis und der Zahl der Dokumente, in denen es vorkommt, aufzustellen.

Summary

For a data basis on constitutional law (1003 court decisions with 3 million words), various statistics on word frequencies were set up. Emphasis was not in linguistics, but rather in data that are important for planning large documentation systems containing documents in full text. Some data from other sources are added. The results include:

- relation between the size of a data base and the number of different word forms or root words,
- proportion of words that occur only once or twice,
- partition into several word classes,
- distribution of word frequencies,
- distribution of the number of word forms per root word,
- most frequent words,
- frequency of letter pairs (first two letters of a word),
- extrapolation of some results to a data base of 1 billion characters (the size that is planned for the Development System of JURIS).

Finally, a relation between the frequency of a word in a data base and the number of documents that contain that word is established.

1. Das Material

1.1 Die Datenbasen

Für den Entwurf neuer Dokumentationssysteme ist es erforderlich, verschiedene Abschätzungen für zu erwartende Häufigkeiten zur Verfügung zu haben, beispielsweise

- wie schnell steigt bei wachsender Datenbasis die Zahl der verschiedenen Wörter,
- wie groß ist der Anteil der Wörter, die nur einfach vorkommen,
- wie sieht die Häufigkeitsverteilung der verschiedenen Wörter aus,
- welche Wörter sind besonders häufig und daher Kandidaten für die Stoppwortliste.

Der Aufbau der Datenbasis Verfassungsrecht erbrachte eine Gelegenheit, einige Angaben dieser Art für eine mittelgroße Datenbasis aus Dokumenten im Volltext (1003 Dokumente mit ca. 3 Mio. Wörtern) zu sammeln.

Die 1003 Dokumente entstammen 28 Bänden BVerfGE (Entscheidungen des Bundesverfassungsgerichts [BVerfG]), und zwar alle Entscheidungen der Bände 1-4, 6-10, 12-14, 16-26 und 28-32. Die unten gegebenen Anzahlen sind ein Nebenprodukt des Aufbaus einer STAIRS-Datenbank. Letztere wurde schrittweise aufgebaut, und zwar zunächst eine Datenbasis je Band; diese wurden dann nach und nach zu einer einzigen Datenbank gemischt. Die folgenden Angaben standen daher für Auszählungen zur Verfügung:

a) für 26 Bände (die oben genannten außer Band 24 und 28) die Anzahlen für jedes der 114 Stoppwörter und die Gesamtzahl der Nicht-Stoppwörter,
b) für alle Nicht-Stoppwörter die Anzahlen in der Gesamtdatenbasis sowie in zwei Teildatenbasen, nämlich einerseits die Bände 17, 18, 22, 23, 25, 26 und 29 bis 32 (388 Dokumente), andererseits die restlichen oben genannten Bände (615 Dokumente), ferner die Gesamtzahl der Nicht-Stoppwörter in der gemeinsamen Datenbasis.

Die drei Datenbasen (388, 615 bzw. alle 1003 Dokumente) werden als Datenbasis A, B und C bezeichnet.

Bei einem großen Teil der Ergebnisse kann man übrigens aus den Werten für die Datenbasen A und B keineswegs die für C berechnen (z.B. die Anzahl verschiedener Wortformen oder Stammwörter, einfach vorkommender Wörter, Zahl der Wortformen pro Stammwort); insofern liefern die drei Datenbasen tatsächlich drei voneinander weitgehend unabhängige Ergebnisse.

Die einzelnen Dokumentationseinheiten enthalten außer dem Text auch diverse bibliographische Angaben (z.B. Dokumentnummer, Aktenzeichen, Datum, Fundstellen, Zitierungen), die in den Auszählungen ebenfalls enthalten sind; diese machen jedoch nur ca. 1% des Datenbestandes aus, da die Entscheidungen des Bundesverfassungsgerichts verhältnismäßig lang sind (im Durchschnitt ca. 3000 Wörter mit 25000 Zeichen).

1.2 Begriffsbestimmungen

Die verschiedenen Auszählungen werden nicht aus linguistischem Interesse durchgeführt, sondern um Angaben für den Entwurf rechnergestützter Dokumentationssysteme auf Volltextbasis zu gewinnen. Dies erklärt, warum die nachfolgenden Begriffsbildungen vorgenommen wurden, die von einem sprachwissenschaftlichen Standpunkt aus sicher angreifbar sind. Dazu kommt, daß man den Wörtern im Wörterbuch häufig nicht die Wortart oder Grundform ansehen kann (z.B. sind das Pronomen und das Verb "sein" nicht mehr unterscheidbar, selbst Angaben über Groß/Kleinschreibung sind nicht verfügbar).

Für manche Auszählungen werden die folgenden Wortklassen gebildet:

S (Substantive): Alle echten Substantive außer Namen (siehe Klasse N), jedoch ohne substantivierte Adjektive, Verben usw.

A (Adjektive): Alle echten Adjektive ohne Partizipien.

P (Pronomen): Pronomen, unbestimmte und bestimmte Zahlwörter (soweit ausgeschrieben), Artikel.

L (flexionslose Wörter): Präpositionen, Konjunktionen, Adverbien. Die Adverbialform von Adjektiven wurde jedoch zum Adjektiv dazugenommen, da sie in vielen Fällen von Adjektivformen nicht unterscheidbar ist; dagegen wurde die vom Superlativ auf -ens gebildete Form (z.B. "meistens") als Adverb angesehen.

V (Verben): Verben in allen Formen, also einschließlich der Partizipien (selbst wenn dieses überwiegend substantivisch gebraucht wird, z.B. " Angestellter ") und des substantivierten Infinitivs,da dieser nur im Genitiv kenntlich ist.

N (Namen): Eigennamen, Abkürzungen, in Ziffern dargestellte Zahlen, Aktenzeichen. Zu den Eigennamen werden auch Stadt- und Ländernamen gerechnet.

F (Fehler): Fremdsprachige Wörter (die Entscheidungen enthalten einige englische und französische Textabschnitte) und echte Fehler. Die Datenbasis ist noch nicht korrigiert; die Fehler sind zum kleinen Teil Schreibfehler, zum überwiegenden Teil aber durch den Seitenleser verursachte Fehler.

In den Auszählungen werden Wortformen und Stammwörter unterschieden. Zwei Wörter, die sich höchstens durch Groß/Kleinschreibung unterscheiden, gelten als die gleiche Wortform. Stammwörter sind Klassen von Wortformen derart, daß alle Wortformen einer Klasse Flexionsformen des gleichen Wortes sind. Als Flexionsformen zählen bei Adjektiven auch Komparativ und Superlativ (aber ohne die Adverbialform des Superlativs auf -ens), bei Verben auch der Genitiv des als Substantiv gebrauchten Infinitivs und Partizipien einschließlich deren Steigerungsformen, nicht jedoch Ableitungen auf -ung, -keit usw.

Soweit von der Anzahl von Wortformen oder Stammwörtern die Rede ist, ist die Zahl verschiedener Wortformen bzw. Stammwörter gemeint; andernfalls reden wir von der Zahl der Vorkommnisse (z.B. eines Stammworts).

In manchen Fällen ist die Zuordnung einer Wortform zu einem Stammwort und damit häufig auch zu einer Wortklasse nicht eindeutig. Hier wird die Wortform jenem Stammwort zugerechnet, dem unter Berücksichtigung der Häufigkeiten anderer Flexionsformen vermutlich die meisten Vorkommnisse dieser Wortform angehören; das Wort "sein" wird als Possessivpronomen gezählt.

2. Stichproben

2.1 Nicht-Stoppwörter

Für die Zwecke der Untersuchung ist eine vollständige Auszählung der Daten, die sehr aufwendig wäre, nicht erforderlich; eine statistische Auswertung genügt vollkommen.

Die meisten Untersuchungen basieren auf einer Stichprobe, die aus jedem 122. Wort der alphabetisch sortierten Datenbasis besteht (die Zahl 122 erklärt sich daraus, daß der Rechner-Ausdruck je Seite 61 Zeilen enthält); insgesamt sind das 693 Wortformen.

Soweit eine solche Wortform zu einer der Wortklassen S, A, P oder V gehört, wurden außerdem für manche Untersuchungen alle Wortformen zum gleichen Stammwort gezählt. Die Gesamtzahl der ausgewerteten Wortformen wurde dadurch mehr als verdoppelt, die der Wortvorkommnisse mehr als vervierfacht. Bei den Statistiken über die Anzahl verschiedener Wortformen zu einem Stammwort wurde natürlich berücksichtigt, daß ein Stammwort mit h in der Datenbasis vorkommenden Wortformen gegenüber einem anderen Stammwort mit nur einer vorkommenden Wortform eine h-mal so große Wahrscheinlichkeit besitzt, in der ursprünglichen Stichprobe vorzukommen.

Da die Zahl der Wortformen aus den Klassen P, L, N und F relativ gering ist, wurde für diese Klassen jede 61. Wortform der Datenbasis ausgewertet (d.h. in die Stichprobe aufgenommen, sofern es zu einer dieser Klassen gehört). Bei den Zusammenstellungen wurden die zugehörigen Werte mit dem Faktor 1/2 gewichtet; hierdurch kommen halbzahlige Anzahlen zustande.
Die Gesamtzahl der ausgewerteten Wortformen beläuft sich somit auf 1.684; diese Stichprobe reicht sicherlich für alle Untersuchungen aus, die auf die Abschätzung von Parametern zum Entwurf von Dokumentationssystemen hinauslaufen.

Die Datenbasis enthält 114 Stoppwörter und 84 572 Nicht-Stoppwörter. In den letzteren sind etwa 7300 Wortformen der Klasse F mit etwa 9.800 Vorkommnissen enthalten (Standardabweichung dieser Schätzwerte: ca. 700). In die Auswertungen wurden diese Wörter nicht eingeschlossen; d.h. die Statistiken gehen von einer Datenbasis mit 77 300 Wortformen (einschließlich Stoppwörter) und 2.994.000 Vorkommnissen aus.

2.2 Stoppwörter

Die Anzahlen für die 114 Stoppwörter standen an sich für 26 der 28 Bände zur Verfügung; jedoch wurden sie nur bei 26 Stoppwörtern für alle 26 Bände aufsummiert, bei den übrigen für 6 Bände mit anschließender Hochrechnung. Die Anzahlen für die beiden fehlenden Bände wurden in jedem Falle proportional zur Häufigkeit der Nicht-Stoppwörter geschätzt.

Für die Listen der häufigsten Wortformen bzw. Stammwörter ergibt sich daraus , daß die Anzahlen teils aus allen 28 Bänden stammen (Nicht-Stoppwörter), teils (Stoppwörter) Hochrechnungen von 26 oder von 6 Bänden darstellen. Aus diesem Grunde werden in diese Listen neben den geschätzten Anzahlen deren Standardabweichungen angegeben. Für Einzelheiten siehe Abschnitt 5.1.

3. Ergebnisse

3.1 Zahl der verschiedenen Wortformen

Die Gesamtzahlen für die drei Datenbasen betragen:

Datenbasis	A	B	C
Wortformen	44 700	58 800	77 300
Stammwörter	29 400	39 000	51 100
Wortformen pro Stammwort	1,52	1,51	1,51

Tabelle 1. Zahl der Wortformen und Stammwörter.

Die Standardabweichungen dieser Schätzwerte liegen etwa zwischen 700 und 1500.

Zunächst fällt auf, daß der Quotient Wortformen pro Stammwort praktisch bei allen drei Datenbasen gleich ist und keine Abhängigkeit von der Größe der Datenbasis zeigt. Solange keine Angaben ähnlicher Art für erheblich größere Texte vorliegen, muß man also davon ausgehen, daß dieser Quotient für große Textmengen (annähernd) konstant ist bzw. höchstens sehr langsam ansteigt; für zwei Einzeltexte mit ca. 1000 Wortformen wurden Quotienten um 1,2 ausgezählt.

In [JURIS 1972] wurde aufgrund einiger Angaben aus der Literatur eine Relation

$$\log V = a + b \log T$$

zwischen der Zahl V verschiedener Wortformen und der Zahl T der Wortvorkommnisse angesetzt.

Einige Zahlen hierzu sind:

Art des Textes	V	T	Quelle
Datenbasis A	44 700	1 192 000	
Datenbasis B	58 800	1 802 000	
Datenbasis C	77 200	2 994 000	
59 Gerichtsentscheidungen	7 945	86 338	Prestel 1971
Berliner Verfassung	1 397	4 089	JURIS 1972, Anh. L
Entscheidung des BGH	827	2 038	JURIS 1972, Anh. L
Norwegische Gesetzestexte	3 072	21 977	Harvold 1973
Norwegische Zeitungstexte	78 073	728 180	Harvold 1973

Tabelle 2. Anzahl der Wortformen (V) und Wortvorkommnisse (T) für einige Texte.

Diese Daten sind in Abbildung 1 dargestellt. Der relativ große Wert für V bei Zeitungstexten erklärt sich leicht dadurch, daß die vollständigen Ausgaben von drei Tageszeitungen über zwei Wochen ausgezählt wurden; hierbei ist ein großer Bestand an verschiedenen Wörtern zu erwarten.

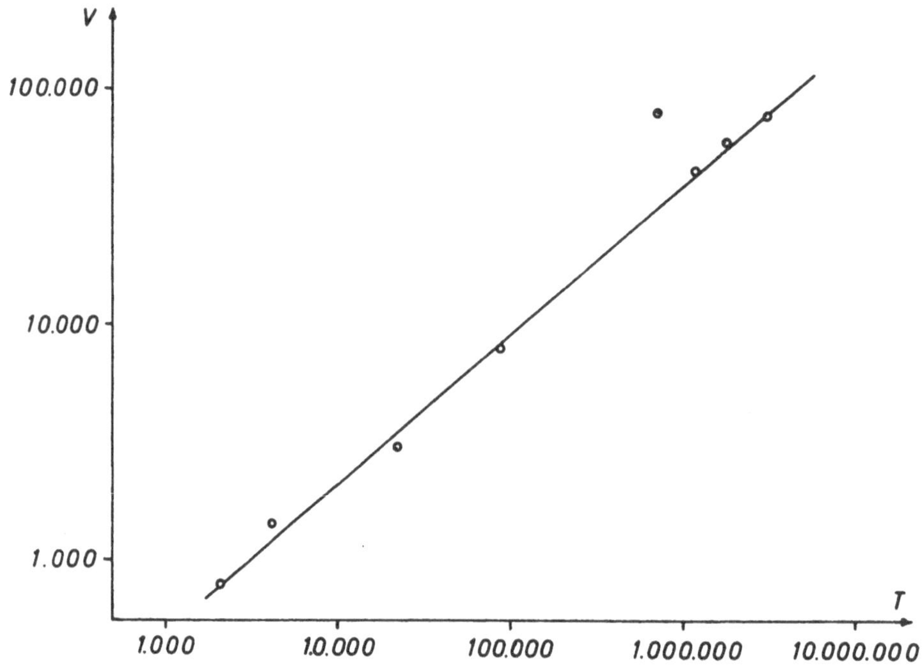

Abbildung 1. Daten der Tabelle 2.

Die übrigen Daten liegen gut auf der Kurve (bzw. auf der Geraden in der doppelt-logarithmischen Darstellung)

$$\log V = 0,9 + 0,62 \log T.$$

Für kleine Werte von T (unter 1000) gilt diese Formel nicht mehr.

3.2 Seltene Wörter

Ein großer Teil der Wörter kommt in einer Datenbasis nur ein- oder zweimal vor. In unserem Falle ergibt sich:

Datenbasis	A	B	C
Zahl der nur einfach vorkommenden Wortformen	18 200	26 400	31 500
%	41 %	45 %	41 %
Zahl der nur zweimal vorkommenden Wortformen	7 400	7 800	12 500
%	17 %	13 %	16 %
Zahl der nur einmal vorkommenden Stammwörter	10 800	15 200	19 400
%	37 %	39 %	38 %
Zahl der nur zweimal vorkommenden Stammwörter	4 900	5 700	7 700
%	17 %	15 %	15 %

Tabelle 3. Zahl der einfach und zweifach vorkommenden Wortformen und Stammwörter.

Die Prozentzahlen beziehen sich in den ersten beiden Zeilen auf die Gesamtzahl der Wortformen, in den letzten beiden Zeilen auf die der Stammwörter.

Die Standardabweichungen für die Anzahlen liegen etwa zwischen 1000 und 1500 (bei den Stammwörtern etwas niedriger), die der Prozentzahlen also um 2 bis 3.

Eine Abhängigkeit von der Größe der Datenbasis ist auch hier nicht erkennbar. Für die Zahl der Wortformen liegen in [JURIS 1972, Anhang L] zwei weitere Angaben vor:

	Entscheidung des BGH	Berliner Verfassung
Vorkommnisse	2 038	4 089
Wortformen	827	1 397
einfach vorkommende Wortformen	547	870
%	66 %	62 %
zweifach vorkommende Wortformen	119	232
%	14 %	17 %

Tabelle 4. Zahl der Wortvorkommnisse und Wortformen für zwei kleinere Datenbasen (aus [JURIS 1972]).

Demnach nimmt der Anteil der einfach vorkommenden Wortformen langsam ab, bei einer Vergrößerung der Datenbasis auf den 60- bis 90-fachen Bestand an Wortformen um ca. 22 Prozentpunkte. Rückwärts gerechnet ergäbe das übrigens im Extremfall nur einer Wortform 100%: eine Datenbasis aus nur einem Wortvorkommnis, also durchaus sinnvoll. Dieser Tatbestand ist in Abb. 2 verdeutlicht.

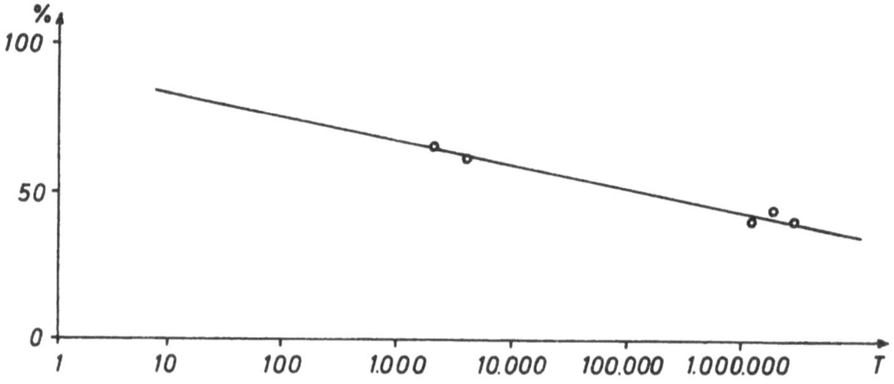

Abbildung 2. Anteil der einfach vorkommenden Wortformen (in % der Wortformen) in Abhängigkeit von der Größe T der Testdatenbasis.

Für eine Datenbasis aus 1 Milliarde Zeichen, wie sie für das Entwicklungssystem des Juristischen Informationssystems geplant ist, kann man aufgrund der Ergebnisse dieses und des vorherigen Abschnitts daher schätzen:

Anzahl der Zeichen	1 000 000 000
Anzahl der Wortvorkommnisse	120 000 000
Anzahl der Wortformen	800 000
Anzahl der einfach vorkommenden Wortformen (28%)	220 000
Anzahl der Stammwörter	530 000

Tabelle 5. Einige Schätzwerte für eine Datenbasis aus 10^9 Zeichen.

Die Zahl von 530 000 Stammwörtern scheint auf den ersten Blick unwahrscheinlich groß zu sein, da umfangreiche Lexika nur zwischen 100 000 und 200 000 Wörter aufführen. Der Wortschatz langer Texte kann aber durchaus erheblich größer als der eines Lexikons sein: Es kommen sehr viele Fachausdrücke hinzu (und in diesem Falle nicht nur juristische), viele Namen und Abkürzungen (bei der Testdatenbasis bereits ca. 20%) und vor allem immer neue ad-hoc-Komposita, von denen die deutsche Sprache praktisch beliebig viele bilden kann.

3.3 Wörter mittlerer Häufigkeit

Für den Anteil der Wortformen bzw. Stammwörter mit kleinen und mittleren Häufigkeiten erhält man die Prozentzahlen der Tabelle 6.
Ein Trend läßt sich hieraus nicht ablesen.
Für Datenbasis G folgen in Tabelle 7 entsprechende Angaben für die einzelnen Wortklassen. Auch hier sind die Ergebnisse für die Datenbasen A und B ganz ähnlich und daher nicht wiedergegeben. Die Angaben sind nicht sehr genau (Standardabweichung bis zu etwa 5 Prozentpunkte). Bei den Wortklassen P und F reicht die Stichprobe für eine ähnliche Aufgliederung nicht aus.
An den Zahlen fällt zweierlei auf: In der Klasse N ist der Anteil einfach vorkommender Wortformen und Stammwörter geringer als in den Klassen S, A und V; dies ist vor allem auf das relativ häufige Vorkommen von Abkürzungen, Bestandteilen des Aktenzeichens und Zahlen zurückzuführen. Bei den Verben

	Wortformen			Stammwörter		
Datenbasis:	A	B	C	A	B	C
Häufigkeit						
1	41	45	41	37	39	38
2	17	13	16	17	15	15
3 - 4	13	12	14	12	13	15
5 - 8	11	9	8	10	9	8
9 - 16	7	9	8	6	9	8
17 - 32	4	5	6	6	5	6
33 - 64	3	2	3	5	4	2
über 64	5	5	5	6	7	8

Tabelle 6. Anteil der Wortformen bzw. Stammwörter mit verschiedenen Häufigkeiten in % .

	Wortformen				Stammwörter			
Wortart :	S	A	V	N	S	A	V	N
Häufigkeit								
1	45	44	38	27	45	35	25	27
2	14	17	17	22	14	16	5	22
3 - 4	15	12	11	18	14	14	18	18
5 - 8	7	9	9	7	6	11	10	9
9- 16	6	6	13	9	7	11	8	9
17- 32	5	4	7	7	6	4	8	7
33- 64	3	2	2	2	2	3	8	2
über 64	4	5	4	7	6	6	18	7

Tabelle 7. Anteil der Wortformen bzw. Stammwörter für 4 Wortklassen in % (Datenbasis C).

und im geringerem Maße auch bei Adjektiven verschieben sich die Anteile bei Stammwörtern gegenüber Wortformen zugunsten größerer Häufigkeiten; das bedeutet, daß es sich bei den selten vorkommenden Wortformen in verstärktem Maße um Flexionsformen von Wörtern handelt, die mit einer anderen Flexionsform mehrfach vorhanden sind. Es läßt vermuten, daß bei wachsender Daten -

basis die Zahl der Verben und Adjektive langsamer wächst als die Zahl der Substantive und daß verstärkt neue Flexionsformen bereits vorhandener Verben und Adjektive hinzukommen.

3.4 Wortarten

Die Einteilung der Wörter in Wortklassen wurde bereits in Abschnitt 1.2 angegeben.

		Datenbasis					
		A		B		C	
Wortart		Anzahl	%	Anzahl	%	Anzahl	%
Vorkommnisse	S					787 000	26,3
	A					146 000	4,9
	P					591 000	19,7
	L					717 000	23,9
	V					318 000	10,6
	N					435 000	14,5
Wortformen	S	22 400	50	29 700	50	40 100	52
	A	7 300	16	9 000	15	11 900	15
	P	100	0,3	200	0,3	200	0,2
	L	600	1,4	600	0,9	600	0,8
	V	8 500	19	11 900	20	13 900	18
	N	5 700	13	7 500	13	10 600	14
Stammwörter	S	16 800	57	22 200	57	30 000	59
	A	3 600	12	5 000	13	5 900	12
	P	30	0,1	50	0,1	50	0,1
	L	600	2	600	1,4	600	1,2
	V	2 600	9	3 600	9	3 800	8
	N	5 700	20	7 500	19	10 600	21

Tabelle 8. Aufteilung der Wörter nach Wortarten.

Bei den Prozentangaben beträgt die Standardabweichung etwa 1 bis 2 Prozentpunkte, bei " Vorkommnisse" unter 1 Prozentpunkt.

Für die Vorkommnisse läßt die Aufteilung nach Wortarten bei den Datenbasen A und B keine anderen Verhältnisse als bei Datenbasis C erwarten und wurde daher nicht ermittelt.

Bei den Klassen P und L steigt die Zahl der Stammwörter und der Wortformen nur noch sehr langsam mit der Größe der Datenbasis (der scheinbare Anstieg bei P ist ein Zufallsergebnis und beruht lediglich darauf, daß die Wortform "derem" in A nicht vorkam). Obwohl es aus den Prozentzahlen nicht klar hervorgeht, scheint es außerdem, daß die Zahl der Wortformen und noch ausgeprägter die der Stammwörter in den Klassen V und A langsamer wächst als in den Klassen S und N (d.h. der Anteil von V und A nimmt langsam ab).

Die Klassen P und L haben, wie man erwarten wird, nur einen sehr geringen Anteil an den Wortformen und Stammwörtern (zusammen reichlich 1%), stellen aber den größten Teil der Wortvorkommnisse (zusammen 43,6%). Nach Abzug dieser Wörter verteilen sich die Vorkommnisse zu 47% auf S, 9% auf A, 19% auf V und 26% auf N. Das bedeutet: Bei den Vorkommnissen ist der Anteil der Substantive und Adjektive deutlich geringer, der der Klasse N deutlich größer als bei den Wortformen und Stammwörtern. Bei den Verben stimmen die Anteile an Vorkommnissen und Wortformen überein, dagegen ist die Zahl der Stammwörter vergleichsweise erheblich zu niedrig.

Die Zahlen legen nahe, daß Substantive und Adjektive für das Retrieval besser geeignet sind als die übrigen Wortklassen (dies entspricht auch der üblichen Suchpraxis), weil ihre durchschnittliche Häufigkeit geringer ist (anders ausgedrückt: unter den Verben gibt es mehr aller-Welts-Wörter) und weil sie die Mehrheit der Wortformen (ca. 66%) und Stammwörter (ca. 70%) ausmachen.

3.5 Verteilung der Wortformenanzahl je Stammwort

Substantive können bis zu 6 Flexionsformen haben, Adjektive wegen der Steigerungsform beträchtlich mehr, Verben (einschließlich der Partizipien und deren Steigerungsform) noch einmal ein Vielfaches davon. In einer Datenbasis kommen längst nicht alle Flexionsformen vor, selbst bei Hilfsverben nicht (von "sein" und "werden" beispielsweise in Datenbasis C nur je 17, von "haben" 9, von "müssen" 7).

Die nachfolgende Tabelle gibt die aus der Stichprobe gefundene Verteilung wieder.

Datenbasis		A	B	C
Klasse	Häufigkeit h			
S	1	74	76	75
	2	20	18	18
	3	3	4	4
	≥ 4	2,0	2,5	2,5
A	1	44	61	51
	2	30	19	20
	3	16	10	15
	4-5	8	9	11
	≥ 6	2,0	1,9	2,3
V	1	38	41	38
	2-4	31	29	31
	5-8	24	24	22
	9-12	6	5	7
	≥ 13	1,0	1,1	1,2

Tabelle 9. Anteil der Stammwörter der Klassen S, A und V mit h Wortformen, jeweils bezogen auf die Gesamtzahl der Stammwörter einer Klasse (in %).

Die Unterschiede zwischen den Datenbasen A, B und C sind eher auf statistische Schwankungen der Stichprobe als auf einen Einfluß der Größe der Datenbasis zurückzuführen und geben einen Anhalt für die Genauigkeit der Angaben.

Es wird deutlich, daß bei den Substantiven 3/4 aller Stammwörter nur mit einer Wortform vorkommen, bei Adjektiven etwa die Hälfte und bei Verben sogar nur ca. 2/5. Es bestätigt sich auch wieder, daß vor allem bei Adjektiven mit wachsender Datenbasis in stärkerem Maße neue Wortformen schon vorhandener Stammwörter statt neuer Stammwörter hinzukommen als bei Substantiven.

3.6 Die häufigsten Wörter

Wie schon erwähnt, stammen die Angaben über die Häufigkeit der einzelnen Wörter teils aus allen 28 Bänden, teils (bei den Stoppwörtern) aus 26 oder auch nur aus 6. Die Tabellen 10 und 11 enthalten daher auch Angaben über die Standardabweichung der Schätzungen, soweit Hochrechnungen auf 28 Bände vorgenommen wurden. Die Standardabweichung ist dabei doppelt so groß angenommen worden, als bei einer reinen Zufallsverteilung (Poisson-Verteilung) zu erwarten wäre; dies wird in Abschnitt 5.1 begründet.

In der Liste der häufigsten Stammwörter kann man bei manchen Pronomen verschiedener Ansicht sein, was als eigenes Stammwort zu betrachten ist. Auch hier spielte bei der Entscheidung eine Rolle, daß verschiedene Flexionsformen gleich lauten; insbesondere wurden aus diesem Grunde "er", "sie" und "es" sowie deren Flexionsformen (Singular und Plural) zusammengefaßt.

Einige der häufigen Wörter sind ganz offensichtlich durch die Art der Texte bedingt, z.B. "Abs.", "Art.", "GG". Einzelne Wörter entstammen nicht den Texten selbst, z.B. "Orig.-S.", das nebst Seitenzahl der Buchseite in die Texte eingefügt wurde, und "BVerfGE", das teilweise den bibliographischen Angaben entnommen ist.

Die häufigsten 20 Wortformen umfassen bereits etwa 800 000 Vorkommnisse (ca. 27%), die häufigsten 20 Stammwörter sogar über 1.050.000 Vorkommnisse (ca. 35%). Die häufigsten 130 bis 140 Wortformen liefern bereits die Hälfte aller Wortvorkommnisse.

Nr.	Wortform	Anzahl	Stand.-Abw.	Nr.	Wortform	Anzahl	Stand.-Abw.
1	der	127.210	200	31	GG	13.677	-
2	die	115.930	190	32	S.	13.303	-
3	des	65.150	140	33	3	13.044	-
4	und	53.130	130	34	sie	12.370	60
5	in	44.640	120	35	aus	11.440	400
6	das	34.200	100	36	einer	11.320	60
7	nicht	33.620	100	37	zur	11.020	400
8	den	32.920	100	38	oder	10.970	400
9	1	31.591	-	39	ein	10.910	60
10	zu	27.440	90	40	an	10.840	390
11	dem	27.300	90	41	bei	10.720	390
12	Abs.	26.269	-	42	sei	10.390	390
13	ist	24.810	90	43	Orig.-S.	10.222	-
14	für	24.400	90	44	hat	10.180	380
15	von	23.990	90	45	nur	10.120	380
16	2	21.922	-	46	gegen	8.750	350
17	im	21.520	80	47	er	8.380	50
18	daß	21.270	80	48	über	8.100	340
19	vom	20.140	80	49	wenn	7.800	330
20	Art.	19.850	-	50	sind	7.630	330
21	auf	19.310	530	51	Entscheidung	7.569	-
22	mit	18.910	520	52	diese	7.490	330
23	eine	18.790	80	53	wird	6.930	310
24	nach	18.010	510	54	Nr.	6.437	-
25	auch	16.970	490	55	eines	6.290	300
26	sich	16.030	480	56	kann	6.280	300
27	durch	15.530	470	57	4	6.242	-
28	als	14.620	70	58	Satz	6.077	-
29	es	13.790	70	59	I	6.007	-
30	werden	13.780	70	60	zum	5.870	290

Tabelle 10. Die häufigsten Wortformen (Datenbasis C). Da bei einem Teil der Wörter nur 26 bzw. 6 der 28 Bände ausgezählt wurden, ist in der letzten Spalte die Standardabweichung des für die gesamte Datenbasis geschätzten Wertes eingetragen.

Nr.	Wortform	Anzahl	Stand.-Abw.	Nr.	Wortform	Anzahl	Stand.-Abw.
61	aber	5.800	40	91	Beschluß	3.399	-
62	dieser	5.750	290	92	also	3.390	30
63	BVerfGE	5.626	-	93	war	3.320	220
64	wie	5.350	280	94	ohne	3.140	210
65	so	5.230	270	95	f	3.098	-
66	einen	5.100	270	96	keine	3.090	210
67	Beschwerdeführer	5.098	-	97	Gesetzgeber	3.078	-
68	vor	5.070	270	98	ihrer	3.078	-
69	habe	4.920	270	99	7	3.049	-
70	a	4.904	-	100	seiner	3.040	210
71	einem	4.830	260	101	wegen	3.035	-
72	ob	4.740	260	102	Dr.	3.034	-
73	5	4.672	-	103	sondern	3.000	210
74	worden	4.640	260	104	Recht	2.954	-
75	Gesetz	4.595	-	105	14	2.890	-
76	Regelung	4.444	-	106	wurde	2.860	200
77	6	4.418	-	107	deshalb	2.857	-
78	bis	4.360	250	108	Bundesverfassungsgericht	2.834	-
79	Verfahren	4.330	-				
80	noch	4.320	250	109	jedoch	2.810	-
81	am	4.210	250	110	damit	2.790	200
82	unter	4.210	250	111	8	2.788	-
83	Gesetzes	4.177	-	112	Grundgesetz	2.783	-
84	vgl.	3.989	-	113	da	2.780	200
85	Verfassungsbeschwerde	3.978	-	114	können	2.770	200
				115	dann	2.710	200
86	weil	3.760	230	116	9	2.637	-
87	sein	3.700	230	117	ihre	2.610	190
88	um	3.630	230	118	seine	2.580	190
89	b	3.610	-	119	daher	2.579	-
90	haben	3.400	220	120	Urteil	2.572	-

Tabelle 10. (Fortsetzung).

Nr.	Wortform	Anzahl	Stand.-Abw.	Nr.	Wortform	Anzahl	Stand.-Abw.
121	seien	2.532	-	141	Sinne	2.272	-
122	BVerfGG	2.531	-	142	10	2.256	-
123	gemäß	2.517	-	143	Frage	2.250	180
124	Vorschriften	2.489	-	144	zwischen	2.248	-
125	hier	2.480	190	145	mehr	2.210	180
126	anderen	2.462	-	146	ff	2.198	-
127	dieses	2.450	190	147	21	2.170	-
128	selbst	2.430	190	148	Fall	2.164	-
129	12	2.429	-	149	19	2.140	-
130	Grund	2.416	-	150	11	2.120	-
131	Vorschrift	2.413	-	151	solche	2.100	170
132	diesem	2.360	180	152	Dezember	2.088	-
133	zwar	2.345	-	153	muß	2.080	170
134	schon	2.340	180	154	18	2.078	-
135	soweit	2.334	-	155	Gericht	2.071	-
136	ihm	2.290	180	156	dies	2.070	170
137	Juli	2.287	-	157	verletzt	2.052	-
138	deutschen	2.283	-	158	Parteien	2.040	-
139	Mai	2.282	-	159	könne	2.000	-
140	BGBl	2.279	-				

Tabelle 10 (Fortsetzung).

Nr.	Stammwort	Anzahl	Stand.-Abw.	Nr.	Stammwort	Anzahl	Stand.-Abw.
1	der, die, das des, dem, den	402.700	360	28	GG	13.677	-
				29	S.	13.303	-
2	in, im	66.170	150	30	3	13.044	-
3	ein	57.240	500	31	sein, seine usw.	12.430	510
4	Hilfsverb "sein" aber ohne den Infinitiv	55.940	580	32	bei, beim	12.030	390
				33	aus	11.440	400
5	und	53.130	130	34	ihr, ihre usw.	10.980	340
6	zu, zum, zur	44.320	500	35	oder	10.970	400
7	von, vom	44.120	120	36	Orig.-S.	10.222	-
8	er, sie, es, ihm, ihn, ihr, ihnen	40.390	310	37	nur	10.120	380
				38	Gesetz	9.796	-
9	werden	34.810	480	39	gegen	8.750	350
10	nicht	33.620	100	40	Entscheidung	8.659	-
11	1	31.591	-	41	über	8.100	340
12	Abs.	26.269	-	42	wenn	7.800	330
13	für	24.400	90	43	Beschwerdeführer	6.630	-
14	haben	23.150	540	44	Nr.	6.437	-
15	dies	22.100	560	45	4	6.242	-
16	2	21.922	-	46	Satz	6.185	-
17	daß	21.270	80	47	I	6.007	-
18	Art.	19.850	-	48	kein	5.930	310
19	auf	19.330	530	49	aber	5.800	40
20	mit	18.910	520	50	BVerfGE	5.626	-
21	nach	18.010	510	51	müssen	5.450	220
22	auch	16.970	490	52	wie	5.350	280
23	sich	16.030	480	53	Grund	5.329	-
24	durch	15.530	470	54	Recht	5.284	-
25	an, am	15.140	460	55	so	5.230	270
26	als	14.620	70	56	vor	5.070	270
27	können	13.930	460	57	Regelung	5.060	-

Tabelle 11. Die häufigsten Stammwörter (Datenbasis C). Da bei einem Teil der Wörter nur 26 bzw. 6 der 28 Bände ausgezählt wurden, ist in der letzten Spalte die Standardabweichung des für die gesamte Datenbasis geschätzten Wertes eingetragen.

Nr.	Stammwort	Anzahl	Stand.-Abw.	Nr.	Stammwort	Anzahl	Stand.-Abw.
58	Verfahren	4.964	-	75	vgl.	3.989	-
59	a	4.904	-	76	Beschluß	3.961	-
60	Vorschrift	4.902	-	77	Gesetzgeber	3.808	-
61	ander	4.869	-	78	weil	3.760	230
62	Verfassungsbeschwerde	4.816	-	79	um	3.630	230
				80	b	3.610	-
63	ob	4.740	260	81	also	3.390	30
64	5	4.672	-	82	Partei	3.385	-
65	Fall	4.617	-	83	Urteil	3.242	-
66	Grundgesetz	4.538	-	84	Sinn	3.168	-
67	6	4.418	-	85	ohne	3.140	210
68	bis	4.360	250	86	f	3.098	-
69	Bundesverfassungsgericht	4.320	-	87	7	3.049	-
70	noch	4.320	250	88	wegen	3.035	-
71	Gericht	4.277	-	89	Dr.	3.034	-
72	unter	4.210	250	90	sondern	3.000	210
73	solch	4.040	170				
74	deutsch	4.021	-				

Tabelle 11 (Fortsetzung).

3.7 Verteilung der Worthäufigkeiten

Über die Verteilung der Häufigkeiten der Stammwörter oder Wortformen gibt es in der Literatur das sogenannte Zipfsche Gesetz und ähnliche Ansätze (vgl. z.B. [Krevitt 1972], wo auch weitere Literatur angegeben ist).

Das "Zipf'sche Gesetz" beruht zunächst auf der trivialen Tatsache, daß die Häufigkeiten der Wörter abnehmen, wenn man sie der Häufigkeit nach sortiert. Diese Abnahme sieht (außer bei den allerersten Wörtern) schön gleichmäßig aus, und ein einfacher Ansatz, eine gleichmäßige Abnahme formelgemäß darzustellen, ist

$$h_i = c / i,$$

wobei h_i die Häufigkeit des i-ten Wortes und c eine passende Konstante ist, so daß die Summe der Häufigkeiten gerade die Anzahl der Wortvorkommnisse des Textes ergibt.

Zunächst einmal ist unklar, ob sich dieses "Gesetz" auf die Häufigkeiten von Stammwörtern oder Wortformen beziehen soll. Für die Datenbasis C beschreibt es aber weder das eine noch das andere; beispielsweise müßte das letzte Wort noch eine Häufigkeit von 3 haben!

Tabelle 12 stellt die Ergebnisse unserer Aufzählung zusammen und gibt zum Vergleich die Werte des Zipfschen "Gesetzes".

Für den mittleren Bereich (zwischen Rang 160 und 500) sind die Ergebnisse der Stichproben zu unsicher und deshalb nicht wiedergegeben.

Im Vergleich zu den Wortformen haben die ersten Stammwörter eine teilweise erheblich größere Häufigkeit; etwa ab Rang 20 sind sie geringfügig seltener (größenordnungsmäßig um 10%), um am Ende schneller auf Häufigkeit 1 abzusinken.

Das Zipfsche "Gesetz" gibt die Unregelmäßigkeiten in den ersten Rangplätzen naturgemäß überhaupt nicht wieder, liefert danach (mindestens im Bereich bis Rang 90 bei Stammwörtern und Rang 160 bei Wortformen, vermutlich bis Rang 200 oder 300 oder noch weiter) deutlich zu niedrige und am Ende erheblich zu hohe Häufigkeiten.

3.8 Anfangsbuchstaben

Beim Dokumentationssystem STAIRS ist die Umkehrdatei nach den beiden Anfangsbuchstaben der Wörter in Teildateien aufgegliedert. Daher ist von Interesse, wie gleichmäßig oder ungleichmäßig die Verteilung der verschiedenen Wortformen auf die Anfangs-Buchstabenpaare ist.

Unter ca. 80 000 Wortformen (einschließlich fremdsprachiger Wörter und Fehler, aber ohne Wörter, die mit einer Ziffer oder einem Sonderzeichen beginnen) erhält man für die häufigsten Buchstabenpaare die Anzahlen der Tabelle 13.

Rang	Häufigkeiten für Stammwörter	Wortformen	Zipf (N=77 300)	Zipf (N= 51 100)
1	403 000	127 000	250 000	260 000
3	57 000	65 000	84 000	88 000
6	44 000	34 000	42 000	44 000
10	33 600	27 400	25 000	26 000
20	18 900	19 900	12 600	13 200
30	13 000	13 800	8 400	8 800
90	3 000	3 400	2 800	2 900
160		2 000	1 600	1 650
5 000	37	43	51	53
10 000	13	17	25	26
20 000	4	6	13	13
30 000	2	3	8	9
50 000	1	1	5	5
77 000	0	1	3	3

Tabelle 12. Häufigkeitsverteilung in Datenbasis C und Vergleich mit dem Zipfschen "Gesetz" (N=Gesamtzahl der verschiedenen Wörter).

Jedes sechste Wort beginnt also mit VE, BE oder GE. Dies bedeutet: Bei einer Datenbasis von 1 Milliarde Zeichen muß STAIRS jeden sechsten Suchdeskriptor aus einer sequentiell geordneten Liste von 40 000 Wörtern heraussuchen, die mit dem gleichen Buchstabenpaar beginnen! Die zehn häufigsten Paare enthalten bereits 35% und die 30 häufigsten 61% aller Wortformen.

Auf der anderen Seite bleibt bei etwa der Hälfte aller Buchstabenpaare die Zahl der Wortformen unter 8, also unter 0,01% des Wortformen-Bestandes; viele Paare kommen überhaupt nicht vor.

Nr.	Buchstabenpaar	Häufigkeit Anzahl	%
1	VE	4576	5,7
2	BE	4340	5,4
3	GE	4129	5,2
4	RE	2502	3,1
5	ST	2457	3,1
6	AU	2324	2,9
7	UN	2156	2,7
8	ER	1903	2,4
9	EI	1897	2,4
10	AN	1598	2,0

Tabelle 13. Häufigste Anfangs-Buchstabenpaare in der Testdatenbasis.

4. Zusammenhang zwischen Zahl der Wortvorkommnisse und Zahl der Dokumente

4.1 Formel für den Zusammenhang

Wenn man w Vorkommnisse eines Wortes zufällig auf N Dokumente verteilt, ist nach den Regeln der Wahrscheinlichkeitsrechnung der Erwartungswert der Anzahl K der Dokumente, in deren dieses Wort mindestens einmal vorkommt,

$$E(K) = N - N\left(\frac{N-1}{N}\right)^{w} \qquad (1)$$

Bei realen Dokumentationssystemen ist diese Anzahl von Dokumenten sicher im Durchschnitt geringer, da die Wörter die Tendenz haben, gehäuft vorzukommen (bedingt durch das im einzelnen Dokument angesprochene Sachgebiet wie durch den persönlichen Stil des Schreibers).

Dieser Effekt kann in der obigen Formel weder durch einen konstanten Faktor am gesamten Ausdruck noch durch einen konstanten Faktor bei w sinnvoll simuliert werden, da sich dann bei den Extremfällen (w=1 und w>N) unsinnige Ergebnisse einstellen.

Dagegen erscheint es sinnvoll, w durch w^a mit einer geeigneten Konstanten $a < 1$ zu ersetzen, d.h. wir gehen jetzt von der Formel

$$E(K) = N - N \left(\frac{N-1}{N} \right)^{w^a} \qquad (2)$$

aus.

4.2 Verifikation an der Testdatenbasis

In der Tat liefert dieser Versuch an der Testdatenbasis Verfassungsrecht überraschend gute Ergebnisse. Für je 10 Substantive, Adjektive und Verben mit 10, 20, 50, ca. 100, ca 200, ca. 500 und ca. 1000 Vorkommnissen wurde die Zahl der Dokumente bestimmt, in denen dieses Wort vorkommt. Diese Dokumentzahl entspricht einem Exponenten a gemäß Tabelle 14.

Zahl der Vorkommnisse	Substantive	Adjektive	Verben
10	(0,7)	(0,8)	(0,94)
20	0,84	0,86	0,94
50	0,81	0,89	0,95
ca. 100	0,85	0,91	0,92
ca. 200	0,81	0,89	0,93
ca. 500	0,83	0,92	0,94
ca. 1000	0,86	0,93	0,94
Mittel	0,83	0,90	0,94

Tabelle 14. Werte von a aus 21 Stichproben. Hierbei ist a so bestimmt, daß Formel (2) gilt.

Die Einzelwerte für Wörter mit 10 Vorkommnissen streuen sehr stark; deshalb sind diese in der Zeile "Mittel" nicht mit berücksichtigt.
Die Abweichungen innerhalb einer Wortart liegen durchaus im Bereich statistischer Schwankungen. Die Unterschiede zwischen den Wortarten lassen sich leicht erklären: Je spezifischer ein Wort ist, um so stärker kommt es gehäuft vor, um so kleiner muß also a sein. Im allgemeinen aber haben Sub-

stantive eine spezifischere Bedeutung als Adjektive oder gar Verben. (Typische Beispiele für ein Substantiv, Adjektiv und Verb mit je 100 Vorkommnissen: "Gewaltenteilung" in 41 Dokumenten, "streitig" in 58, "erlangt" in 74). Dieser Befund rechtfertigt erneut die übliche Praxis, bei der Suche Substantive bevorzugt zu verwenden.

Der Wert von a hängt sicher von der durchschnittlichen Länge der Dokumente ab: Bei kurzen Dokumenten kann sich ein Wort kaum innerhalb eines Dokuments häufen, daher muß a nahe bei 1 liegen.

4.3 Schätzungen für das Entwicklungssystem

Es ist nicht klar, ob und wie der Parameter a von der Größe oder dem Sachgebiet einer Datenbasis beeinflußt wird. In Tabelle 15 wird die erwartete Anzahl von Dokumenten für mehrere Werte von a für eine Datenbasis aus 130 000 Dokumenten, wie sie für das Entwicklungssystem des Juristischen Informationssystems geplant ist, zusammengestellt. Wegen des Überwiegens der Substantive sowohl in den Texten (siehe 3.4) als auch noch mehr bei der Suche einerseits und wegen der geringeren durchschnittlichen Länge der Dokumente andrerseits dürfte ein Wert um 0,90 realistisch sein.

w \ a=	0.80	0.82	0.84	0.86	0.88	0.90	0.92	0.94	0.96	0.98	1.00
10	6	7	7	7	8	8	8	9	9	10	10
20	11	12	12	13	14	15	16	17	18	19	20
50	23	25	27	29	31	34	37	40	43	46	50
100	40	44	48	52	58	63	69	76	83	91	100
200	69	77	86	95	106	118	131	145	162	180	200
500	144	163	185	209	237	268	304	344	389	441	499
1000	251	288	331	380	436	500	574	659	756	868	996
2000	437	508	591	688	801	932	1084	1261	1467	1707	1985
5000	907	1075	1274	1509	1787	2116	2505	2965	3508	4149	4905
10000	1575	1892	2271	2725	3270	3921	4699	5629	6737	8057	9625
20000	2730	3321	4037	4904	5953	7221	8748	10584	12785	15413	18538
50000	5618	6959	8559	10541	12957	15888	19426	23666	28705	34631	41508
100000	9625	11999	14921	18497	22841	28070	34292	41588	49988	59437	69762
200000	16295	20429	25488	31608	38902	47453	57172	67954	79429	91049	102088

Tabelle 15. Erwartete Anzahl von Dokumenten für ein Wort mit w Vorkommnissen in einer Datenbasis aus 130 000 Dokumenten für verschiedene Parameter a in Formel (2).

5. Methodische Einzelheiten

5.1 Varianzen der Schätzwerte

Für die folgenden Berechnungen gehen wir davon aus, daß in einer Datenbasis N Vorkommnisse eines bestimmten Wortes enthalten sind, in einer Teil-Datenbasis M Vorkommnisse, wobei die Teil-Datenbasis den Anteil R ($0 < R < 1$) an Vorkommnissen aller Wörter zusammen enthält.

Wenn N bekannt ist, ist $R \cdot N$ ein Schätzwert für M. Bei zufälliger Verteilung der N Wörter über die Datenbasis wäre die Varianz dieses Schätzwertes $N \cdot R \cdot (1-R)$, d.h. die Standardabweichung wäre bei kleinem R praktisch gleich der Wurzel aus der geschätzten Anzahl, nämlich $\sqrt{M \cdot R}$. Eine Überprüfung der Verteilung einiger Stoppwörter auf 26 Bände ergibt jedoch, daß die Standardabweichung etwa doppelt so groß ist, d.h. die Voraussetzung "zufällige Verteilung" ist nicht ganz erfüllt. Aus diesem Grunde wurde bei den unten genannten Standardabweichungen der Korrekturfaktor 2 eingeführt (bzw. der Faktor 4 bei den Varianzen).

Nun sei die Zahl M bekannt, N unbekannt, und N-M soll geschätzt werden. Ein Schätzwert für den Erwartungswert von N-M ist offenbar $M \cdot (1-R)/R$ mit der Varianz $4\ M\ (1-R)^2/R^2$, da M als Schätzwert für den Erwartungswert der Anzahl in einer Teil-Datenbasis der gegebenen Größe bereits die Varianz 4 M besitzt. Die Zahl N-M streut um ihren Erwartungswert mit der Varianz $4\ M(1-R)/R$. Insgesamt ist die Varianz des Schätzwertes daher $4\ M(r+r^2)$ mit $r=(1-R)/R$. Nach dieser Formel wurden bei den Anzahlen der häufigsten Wörter die Varianzen geschätzt (r= 0,126, um aus 26 Bänden mit 1 644 394 Nicht-Stoppwörtern die Häufigkeit eines Wortes in den übrigen beiden Bänden mit 130 179 Nicht-Stoppwörter zu berechnen, und r=3,595 bei der Schätzung für 22 Bände aus 6 Bänden).

5.2 Gesamtzahl der Stoppwörter

Die Gesamtzahl der Stoppwörter in den 26 Bänden hätte aufsummiert werden können; das wäre jedoch mühsam gewesen.

Ausgegangen wurde von folgenden Zahlen:

Zahl der Vorkommnisse von 26 Stoppwörtern in	6 Bänden	175 663
" " " " 26 " "	22 "	575 681
" " " " 88 " "	6 "	90 602

Daraus erhält man als Schätzwert für die Häufigkeit der 88 Stoppwörter in 22 Bänden 90 602·575 679/175 663, also ca. 297 500.

Die Varianz berechnet sich wie folgt:

Sei N die Gesamtzahl der Stoppwörter in den 26 Bänden, p der Anteil der 26 Stoppwörter, q der Anteil der 6 Bände. Schätzwerte für p und q sind 175 663/(175 663+ 90 602) = 0,658 bzw. 175 663/(175 663+575 681) = 0,233.

Der Schätzwert für die gesuchte Anzahl ist

$$S = \frac{Np(1-q) \cdot Nq(1-p)}{Npq}$$

mit den obigen Werten für die drei Glieder. Die Varianz beträgt darum näherungsweise

$$\mathrm{var}(S) = 4 \{ Np(1-q) \left[\frac{Nq(1-p)}{Npq} \right]^2 + Nq(1-p) \left[\frac{Np(1-q)}{Npq} \right]^2$$

$$+ \frac{Npq}{[Npq]^4} [Np(1-q) \cdot Nq(1-p)]^2 + N(1-p)(1-q) \}$$

$$= 4 N \frac{(1-p)(1-q)}{pq} = 7{,}8 \cdot 10^6.$$

Die ersten drei Summen stammen von den Varianzen der drei Glieder der Formel für S, der vierte von der Streuung der gesuchten Anzahl um ihren Erwartungswert, der durch S geschätzt wird. Zum Faktor 4 siehe Abschnitt 5.1.

Unter Einbeziehung der (vergleichsweise geringen) Varianz für die Anzahl der Stoppwörter in den verbliebenden beiden Bänden ergibt sich für die Gesamtzahl der Stoppwörter der Wert 1 229 500 mit einer Standardabweichung von 2 900.

Rechenzeitbedarf

für ein Retrievalsystem

Dr. Friedrich Gebhardt

Übersicht

Zusammenfassung

Im Bericht "Das Juristische Informationssystem - Analyse, Planung, Vorschläge" wurde in Abschnitt 4.10.3 und in Anhang G für ein Modell eines Retrieval-Systems (Abschnitt 4.10.2 des Berichts) unter anderem der Bedarf an CPU-Zeit abgeschätzt. Gegen diese Abschätzungen sind keine Einwände bekannt geworden; jedoch mußten sie von teilweise sehr unsicheren Schätzungen mancher Parameter ausgehen, so daß es nützlich erscheint, die Rechnungen mit den derzeit für sinnvoll gehaltenen Werten für diese Parameter zu wiederholen.

In Abschnitt 1 werden daher zunächst neue Schätzwerte für einige Parameter angegeben und begründet.

An den sonstigen Voraussetzungen (Abschnitt 1 des Anhangs G) wird nichts geändert; insbesondere würden also andere Modelle auch im Detail andere Ergebnisse liefern, wobei jedoch insgesamt gesehen bis auf "trade-offs" (z.B. Einsparung von CPU-Zeit zu Lasten größeren Speicherbedarfs) keine gravierenden Änderungen zu erwarten sind.

Der Speicherbedarf wird hier nicht neu berechnet, da er bei modernen Rechenanlagen nicht so kritisch ist wie Rechenzeit und Kanalbelastungen.

Die zum Teil recht groben Abschätzungen (Abschnitt 2) führen zu dem Ergebnis (Abschnitt 3), daß eine Rechenanlage, die für eine Datenbasis mit 1 Milliarde Zeichen (130 000 Dokumente) und 20 gleichzeitig aktive Benutzer ausreichen soll, vier Kanäle und eine Aditionszeit von ca. 1,4 µs haben muß. Die gleiche Größenordnung ergibt sich bei einem Vergleich mit einigen bestehenden amerikanischen Systemen (Abschnitt 4).

Summary

In the reprot [JURIS 1972] , a model for an ISR-system was set up (Sections 4.10.2 and 4.10.3 and Appendix G) for which among others the demand for CPU-time was estimated. So far, no objections against this rough model have become known. However, for some parameters only very crude estimations were available; therefore it seems appropriate to repeat the calculations with new values that now are considered meaningful.

Section 1 gives the reasoning for these new parameter values; the model itself is not changed. The calculations of Section 2 which still are rather rough lead to the conclusion (Section 3) that a documentation system that serves 20 active users simultaneously with a data base of 1 billion (10^9) bytes need a central processor with at least four channels and an addition time of about 1.4 µs.

A comparison with some existing American systems yields about the same CPU demand.

1. Neue Schätzwerte für einige Parameter

Der Bericht [JURIS 1972] enthält auf Seite 393 und 394 eine Tabelle der bei den Berechnungen benutzten Parameter und ihrer Schätzwerte. Der dort aufgeführte "Rechenwert" liegt den Berechnungen des Anhangs G (mit Zusammenfassung in Abschnitt 4.10.3) zugrunde.

Die nachfolgende Tabelle 1 gibt neuere Schätzwerte, jedoch nur für solche Parameter, für die bessere Schätzungen vorliegen und durch die sich die Berechnungen dadurch nicht nur unwesentlich ändern.

Für diese Rechenwerte seien die folgenden Begründungen angegeben.

Die mittlere Länge einer Zieladreßliste in der Umkehrdatei ist gleich der Zahl der Wortvorkommnisse dividiert durch die Zahl der verschiedenen vorkommenden Wortformen (bei der Testdatenbasis Verfassungsrecht ca. 24 oder 0,024 P, beim Entwicklungssystem ca. 9 oder 0,0007 P). Hier ist jedoch etwas anderes gemeint, nämlich die mittlere Länge der durch Suchfragen angesprochenen Zieladreßlisten. Dieser Wert muß erheblich größer sein, da die seltenen Wörter auch selten zur Suche herangezogen werden. Für eine Datenbasis aus Judikaten kann man folgende Überschlagsrechnungen aufmachen: Unter 10 Suchwörtern dürfte im Durchschnitt ein sehr häufiges sein, das in ca. 20% aller Judikate vorkommt (Häufigkeitsbeispiele aus der Testdatenbasis in % der Dokumente: "Abs." 100%, "Gesetz", "Regelung", "Vorschrift", "Juli" 60%, "nichtig", "Bundesminister" 40%, "Land", "Länder", "Zuständigkeit", "Freiheit" 25%, "Partei", "Verbot", "Gewissen" 17%). Ein weiteres

Symbol	Bedeutung	geschätzter Wertbereich	Rechenwert	Meßeinheit
l_P	mittlere Länge (gewichtet mit der Häufigkeit der Benutzung) einer Zieladreßliste bei Indexmethode	o,oo2P-o,1P	o,oo5P	
	bei Wortlautmethode (P = Anzahl der Dokumente)	o,o1-o,2P	o,o15P	
n_D	mittlere Anzahl von Deskriptoren pro Anfrage	5-15		
	bei Verarbeitungsschritt 1 und 2		8	
	bei Verarbeitungsschritt 3		10	
l_{TXT}	mittlere Länge eines Dokuments		8 ooo	bytes
W_{txt}	mittlere Länge eines Dokuments		1 ooo	Wörter
n_{Flex}	mittlere Zahl von Flexionsformen eines Deskriptors, die im gesamten Dokumentenbestand mindestens einmal vorkommen	1,5-3	2	

Tabelle 1. Neuere Schätzungen für einige Parameter

möge in ca. 10% aller Judikate vorkommen (Beispiele: "Absicht", "Bayern", "Hamburg", "Landesgericht", "Beruf", "Verkehr"); zwei bis drei in ca 5% (Beispiele: "Ausland", "Strafrecht", "SPD", "Haushalt", "Parlament"); der Rest sei seltener. Dies ergibt insgesamt eine mittlere Länge von 0,005P, wie im Bericht angenommen. Geht man, um eine andere Abschätzung vorzunehmen, davon aus, daß die Häufigkeit der Benutzung eines Wortes, das kein Stoppwort ist, proportional zu seiner Vorkommenshäufigkeit in der Datenbasis ist, so kommt man für die Testdatenbasis nach den in Beitrag 2 genannten Häufigkeiten auf Werte zwischen 0,1P und 0,2P. Der wahre Wert dürfte etwas kleiner sein, da der Benutzer im allgemeinen weiß, daß die sehr häufigen Wörter nicht stark selektieren (in Verbindung mit anderen Suchwörtern aber gleichwohl benötigt werden). Man kommt also wieder auf ca. 0,05P. Die für das Entwicklungssystem vorgesehene Datenbasis enthält aber nur zu etwa 30% Judikate; der Rest besteht aus kurzen Dokumenten (hauptsächlich Paragraphen von Normen), in denen diese Suchwörter relativ selten sind. Deshalb wird für das Entwicklungssystem von einer mittleren Länge von 0,015P bei der Wortlautmethode ausgegangen. Bei der Indexmethode ist die Zahl der Deskriptoren pro Dokument erheblich geringer;deshalb muß auch die mittlere Länge der Zieladreßlisten deutlich geringer sein.

Die Zahl n_D von Deskriptoren pro Anfrage liegt nach unseren Erfahrungen bei einer mittelgroßen Datenbank (ca. 1 000 Dokumente) für eine sinnvolle Anfrage bei 3 bis 8; bei großen Datenbanken dürfte sie im Durchschnitt etwas größer ausfallen. Die ursprünglichen Rechenwerte erscheinen jedoch zu hoch. Einige Werte, die man in der Literatur versteckt findet, liegen im gleichen Bereich, z.B. [Cleverdon 1966b] : bei 1400 Dokumenten enthalten die 221 Suchfragen zwischen 2 und 15 Suchterme, überwiegend 5 bis 11, Mittelwert 7,6. Bei [Minker 1973] ist die Zahl der Deskriptoren pro Anfrage deutlich von der Größe der verwendeten Datenbasis abhängig mit einem Durchschnitt bei 12 für die größte Datenbasis (IRE, 780 Dokumente). Bei Dialogsystemen dürfte der Mittelwert deutlich niedriger liegen, da man in der Regel erst einmal mit einfachen Frageformulierungen beginnt.

Das Entwicklungssystem soll Texte mit einer Gesamtlänge von ca. 1 Milliarde Bytes umfassen, nämlich knapp 40 000 relativ lange Dokumente (vor allem Gerichtsentscheidungen) mit durchschnittlich 25 000 Zeichen und ca. 90 000 relativ kurze (vor allem Einzelnormen und Literaturabstracts) mit durchschnittlich 1 000 Zeichen. Die durchschnittliche Länge eines Dokuments liegt damit bei 8 000 Zeichen je Dokument, das entspricht etwa 1 000 Wörtern.

Es scheint, daß das Verhältnis zwischen Wortformen und Stammwörtern nicht stark von der Größe der Datenbasis abhängt und bei 1,5 liegt (siehe den 2. Beitrag dieses Heftes). Da aber die häufigeren Wörter öfters als seltene zur Suche verwendet werden, wird als Rechenwert 2 angesetzt.

Zweifel bestehen auch am Rechenwert für n_T bei der Indexmethode (mittlere Anzahl von Deskriptoren, in die ein einzelner Deskriptor mittels Thesaurus expandiert wird). Jedoch ändert ein Herabsetzen von 5 auf 4 oder 3 die Ergebnisse nicht so gravierend, daß man sich über den Wert von n_T weitere Gedanken machen müßte.

2. Ein/Ausgabe- und Rechenaufwand

Die Halbierung von n_D (Tabelle 1) und die Reduktion von l_P auf ein Drittel oder Viertel ziehen eine beachtliche Verringerung des Rechenaufwandes nach sich, in einigen Fällen bis auf ein Achtel des alten Wertes. Die übrigen Parameter sind von geringerer Bedeutung.

Die Zahl der Ein/Ausgabeoperationen und der Rechenoperationen (letztere ohne den mit der Ein/Ausgabe direkt verknüpften Rechenaufwand) ist analog zur Tabelle im Abschnitt G 6.15 des Berichts in Tabelle 2 wiedergegeben. Die Bedeutung der einzelnen Rechenschritte sei kurz wiederholt (vgl. Abschnitte 4.10.2 und G 6 des Berichts):

(1) Suche in formalen und inhaltsbeschreibenden Angaben ohne Benutzung eines Thesaurus.
(2) Dasselbe mit Benutzung eines Thesaurus.
(3) Suche im Text (d.h. nach Wörtern, die im Text der Dokumente vorkommen).
(4) Feinrecherche im Text (insbesondere metrische Operatoren).
(6) Weitere Einschränkung der bisher gefundenen Dokumente aufgrund sekundärer (nicht invertierter) Merkmale.
(7) Gewichtung und Sortierung der Dokumente zusätzlich zu (1), (2) oder (3).

Die übrigen Rechenschritte (5) und (8) bis (14) des Modells spielen für die Aufwandsberechnungen nur eine untergeordnete Rolle.

Für (1) und (2) gelten ggf. die durch "bei Indexmethode", für (3) die durch "bei Wortlautmethode" gekennzeichneten Parameter.

Schritt	Ein/Ausgabe Trommel→Kernsp. und Kernsp.→Trommel	Ein/Ausgabe Platte → Kernsp.	Rechen-operationen
(1)	$m_1\ (9+1{,}6.10^{-4}P)$	$m_1(16+0{,}8.10.^{-4}P)$	$m_1(5000+0{,}4P)$
(2)	$m_2\ (13+2{,}4.10^{-4}P)$	$m_2(27+1{,}2.10^{-4}P)$	$m_2(8000+0{,}7P)$
(3)	$m_3\ (26+15.10^{-4}P)$	$m_3(58+7{,}5.10^{-4}P)$	$m_3(16000+4{,}3P)$
(4)	$m_4 \cdot 2$	$m_4 \cdot 1500$	$m_4 \cdot 50\ 000$
(6)		$m_6 \cdot 600$	$m_6 \cdot 60\ 000$
(7)			zusätzlich zu (1): $m_7 \cdot 0{,}8P$ (2): $m_7 \cdot 1{,}2P$ (3): $m_7 \cdot 7{,}5P$

Tabelle 2. Zahl der E/A- und Rechenoperationen für ein Modell eines Dokumentationssystems.
P = Zahl der Dokumente in der Datenbasis.
m_i= Zahl der Anfragen pro Minute, die Rechenschritt (i) auslösen.

Unter Einbeziehung des CPU-Aufwands für Kanalprogramme, Datenverwaltung, Channel interference, Scheduler und Unterprogrammaufrufe (Abschnitt G 7 des Berichts) ergeben sich die in Tabelle 3 aufgeführten Rechenoperationen, Kanalzugriffe und maximalen m_i. Die maximalen m_i geben an, wieviele Anfragen, die Schritte (i) auslösen, pro Minute gleichzeitig bearbeitet werden können, wenn jeweils alle anderen $m_i = 0$ sind und

- die Rechenanlage eine mittlere Operationszeit von 1 µs (d.h. Additionszeit von ca. 0,6 µs) besitzt,
- keine CPU-Wartezeiten auftreten,
- die mittlere Zugriffszeit (Positionierung, Drehwartezeit, Übertragung eines Blockes) 30+8,3+2,5 ms beträgt,
- im Mittel 4 Platteneinheiten gleichzeitig arbeiten.

Schritt	Rechen-operationen insgesamt	P = 130 000 Rechen-operationen	max. m_i aus Rechenop.	Platten-zugriffe	max. m_i aus Platten-zugriffen
(1)	m_1(70000+ P)	200000 m_1	300	26 m_1	220
(2)	m_2(110000+1,5P)	300000 m_2	200	43 m_2	140
(3)	m_3(230000+9,4P)	1500000 m_3	40	155 m_3	38
(4)	m_4·4000000	4000000 m_4	15	1500 m_4	4
(6)	m_6·1600000	1600000 m_6	37	600 m_6	10
(7)+(1)	m_7(70000+1,8P)	300000 m_7	200	wie (1)	
(7)+(2)	m_7(110000+2,7P)	460000 m_7	130	wie (2)	
(7)+(3)	m_7(230000+17P)	2500000 m_7	24	wie (3)	

Tabelle 3. Rechenoperationen insgesamt und maximal mögliche Anfragen m_i unter den im Text genannten Bedingungen.

Den Engpaß bildet nach wie vor Schritt (4), sofern dieser nicht nur sehr selten benutzt wird. Wie schon im Bericht erwähnt (Abschnitt G 6.4), kann dieser abgebaut werden, wenn die Umkehrdateien nicht auf die Dokumente (wie z.B. bei GOLEM), sondern auf kleinere Einheiten (wie bei STAIRS) verweisen.

3. Erforderliche Größe der Rechenanlage

In den Abschätzungen des Abschnitts 7.4.4 war $m_1 = m_2 = m_3 = 0,2$ m angesetzt worden (m ist die mittlere Zahl der Benutzer, die pro Minute eine Anfrage an das System richtet; sie ist etwa gleich dem dritten Teil der gleichzeitig aktiven Datenstationen).

Nach den bisherigen (unsystematisch gewonnenen) Erfahrungen ist der Wert für m_2 zu hoch, den für m_3 zu niedrig, außerdem müßte Schritt (4) berücksichtigt werden.

Als neue Schätzung soll daher genommen werden:

$$m_1 = 0{,}2\ m,\ m_2 = 0{,}1\ m,\ m_3 = 0{,}3\ m,\ m_4 = 0{,}1\ m.$$

Aus Tabelle 2 und 3 ergeben sich damit unter Vernachlässigung der übrigen Schritte

$m\ (11+5{,}1 \cdot 10^{-4}P)$	Trommelzugriffe,
$m\ (170+2{,}5 \cdot 10^{-4}P)$	Plattenzugriffe,
$m\ (11600+1{,}5\ P)$	Rechenoperationen;

für P = 130 000 ergibt das 77m bzw. 200m bzw. 210 000m. Der Hauptanteil der Plattenzugriffe stammt von Schritt (4), der Rechenoperationen von Schritt (3).

Die Zahl der Rechenoperationen muß (vgl. Abschnitt 7.4.4.1 des Berichts) weiter erhöht werden zur Berücksichtigung von

- Vernachlässigungen bei den Schritten (1) bis (4),
- Rechenschritten (5) bis (14),
- Programmen zur Erhebung von Statistiken,
- statistischen Schwankungen,
- Wartezeiten der CPU,

und zwar jeweils um den Faktor 1,2 bzw. 1,4 bzw. 1,2 bzw. 1,5 bzw. 2. Das Ergebnis gilt für ein maßgeschneidertes System. Zur Berücksichtigung des Betriebssystems, das ja den unterschiedlichsten Bedürfnissen gerecht werden muß, ist ein weiterer Faktor zwischen 1,2 und 1,4 anzubringen, und bei Übernahme eines existierenden Retrieval-Systems aus den im Bericht (Abschnitt 7.4.4.2) genannten Gründen ein Faktor zwischen 2 und 2,5. Aus dem letzteren Grunde muß auch die Zahl der Ein/Ausgabeoperationen erhöht werden (Faktor 1,5 bis 2).

Damit ergibt sich für ein Dokumentationssystem mit P = 130 000 Dokumenten größenordnungsmäßig:

Zahl der Trommelzugriffe = m (20 + 9.10^{-4} P) = 140 m,

Zahl der Plattenzugriffe = m (300 + 4.10^{-4} P) = 350 m,

Zahl der Rechenoperationen = m (210 000 + 27 P) = 3 700 000 m.

Bei 20 gleichzeitig aktiven Benutzern ergibt das pro Minute ca. 2 300 Plattenzugriffe, d.h. im Durchschnitt sind 1,5 Platten aktiv. Sofern der Kanal während der Suchzeiten blockiert ist, sind somit für die Platteneinheiten 3 Kanäle erforderlich und ein weiterer für die Trommel.

Die Zahl der Rechenoperationen beträgt unter der gleichen Annahme 400 000 pro Sekunde entsprechend einer Additionszeit von 1,4 μs (bei einer mittleren Operationszeit von 1,75 Additionszeiten, vgl. Abschnitt 7.4.4.1 des Berichts). Zum Vergleich die Additionszeiten einiger bekannter Rechenanlagen:

IBM/370-145	2,1 μs
Siemens 4004/151	2,04 μs
Univac 1106 II	1,0 μs
IBM/370-155	0,99 μs
Univac 1108	0,75 μs
TR/440	0,6 μs

Es sei noch einmal darauf hingewiesen, daß die obigen Abschätzungen recht grob sind, so daß ein Fehlerfaktor 1,5 oder 2 in beiden Richtungen durchaus denkbar ist. Insbesondere läßt sich der durch Schritt (4) verursachte Ein/Ausgabe- und Rechenaufwand zu Lasten eines größeren Plattenspeicherbedarfs und eines erhöhten Rechenaufwands bei Schritt (3) größtenteils eliminieren.

4. Vergleich mit anderen Systemen

[Tapper 1974] enthält einige Angaben zu amerikanischen juristischen Dokumentationssystemen.

Das System LITE enthält 9 Datenbasen mit zusammen ca. 110 Mio Textwörtern (fast 1 Milliarde Zeichen). Für 1974 werden ca. 31 000 Anfragen erwartet (1973: 21558, 1972: 12559). Das System arbeitet im Stapelbetrieb, der die Rechenanlage beträchtlich weniger beansprucht als Dialogbetrieb, und benutzt zwei Anlagen IBM/360-65.

DATUM enthält zur Zeit etwa 15000 Entscheidungen und bearbeitete im Dezember 1973 etwa 1000 Anfragen im Stapelbetrieb auf dem Großrechner CDC Cyber 74 der Universität von Montreal; man hofft jedoch, mit einem erheblich kleineren Rechner auszukommen.

LEXIS hat etwa 30 Kunden mit reichlich 50 Datensichtstationen; die Datenbasen umfassen zusammen mehr als 3 Milliarden Zeichen. Wieviele Datensichtstationen im praktischen Betrieb gleichzeitig aktiv sind, ist nicht bekannt. Das System einschließlich der Routinen zur Ein/Ausgabe auf Datensichtstationen ist maßgeschneidert und läuft auf zwei Anlagen IBM/370-155.

Die für das Entwicklungssystem geplante Benutzung liegt von der Zahl der Anfragen her über LITE, von der Größe der Datenbasis her erheblich über DATUM. Der Vergleich mit LITE, DATUM und LEXIS bestätigt daher die Ergebnisse des Abschnitts 3.

Forderungen an die Abfragesprache eines Retrievalsystems

Imant Stellmacher

Übersicht

Zusammenfassung

Es werden Forderungen an die Abfragesprache eines Retrievalsystems gestellt und Vorschläge zu deren Realisierung gemacht. Ausgegangen wird dabei von den drei Grundforderungen:

1) Leichte Erlernbarkeit und Einfachheit,
2) Leistungsfähigkeit und Benutzerkomfort,
3) Sicherheit und Fehlerunanfälligkeit.

Zu diesen werden jeweils eine Reihe von Einzelforderungen aufgestellt, welche durch positive und negative Beispiele aus den Retrievalsystemen GOLEM, STAIRS und TELDOK ergänzt werden. Die Forderungen betreffen sowohl die Syntax als auch die Semantik der Befehle der Abfragesprache. Ebenso beziehen sie sich sowohl auf den einzelnen Befehl wie auf den Dialogablauf. In der Einleitung werden kurz die wichtigsten Elemente einer Abfragesprache aufgezählt.

Summary

The requirements of the enquiry language for a retrieval system are discussed and suggestions are made for their implementation. The basic requirements are:

1) Simplicity for learning and use.

2) Efficiency.

3) User convenience.

4) Security.

5) Insensitivity to input errors.

Specific requirements are defined and the retrieval systems GOLEM, STAIRS und TELDOK are examined for these requirements. Both the syntax and the semantics of the enquiry language are considered as are the separate commands and the dialogue sequence.

0. Einleitung

Bei einem Vergleich der Retrievalsysteme GOLEM, STAIRS und TELDOK (im folgenden mit G, S und T abgekürzt) kamen eine Reihe von Schwächen bei den Abfragesprachen der untersuchten Systeme zutage, woraus die Aufstellung eines Katalogs von Forderungen resultierte, die vernünftigerweise an eine Abfragesprache zu stellen sind.
Ausgegangen wird dabei von den drei Hauptforderungen:

1) Leichte Erlernbarkeit und Einfachheit,
2) Leistungsfähigkeit und Benutzerkomfort,
3) Sicherheit und Fehlerunanfälligkeit.

Sie stellen dar, was man von einer Benutzersprache verlangen sollte. Die Hauptanforderungen werden zu Einzelforderungen konkretisiert. Diese stellen dar, wie man das, was man will, realisieren kann. Die Zuordnung der Einzelforderungen zu den Hauptanforderungen ist oft nicht eindeutig möglich. Es gibt viele Einzelforderungen, die zu allen drei Hauptforderungen beitragen. Die zum Teil angeführten positiven und negativen Beispiele aus den drei Retrievalsystemen sind in keiner Weise repräsentativ und stellen daher keine Wertung dar.

Im folgenden soll noch kurz darauf eingegangen werden, aus welchen Elementen eine Abfragesprache zusammengesetzt ist und wie man die Befehle einer solchen Sprache klassifizieren kann.

Eine Abfragesprache besteht aus Anweisungen, die Befehle oder Kommandos genannt werden. Sie werden im allgemeinen von einem Kommandonamen eingeleitet und durch weitere Spezifikationen (Parameterangaben) ergänzt Die Anweisungen enthalten

a) systemspezifisch festgelegte Angaben, genannt Operatoren und
b) benutzerspezifische Angaben, genannt Operanden

Operanden können sein:

Schlüsselzeichen (meist Sonderzeichen) oder
Schlüsselwörter (meist Buchstabenfolgen)

Schlüsselzeichen können sein:

Begrenzer, Operationszeichen oder Relationszeichen.

Begrenzer können sein:

Einleitungszeichen, Abschlußzeichen, Trennzeichen oder Einschließungszeichen.

Schlüsselwörter können sein:

Kommandonamen, Parameternamen, spezielle ausgezeichnete Parameterwerte oder Funktionswörter

Funktionswörter können sein:

Relationswörter, Operationswörter oder sonstige Funktionswörter

Operanden können sein:

Parameterwerte, die Referenzen (Nummern) oder Direktwerte (z B. Suchwörter) sein können.

Zur inhaltlichen Klassifizierung der Kommandos läßt sich folgendes aussagen:

1 Aspekt:

a) Kommandos mit einmaliger, direkter Wirkung.
Diese berechnen irgendwelche Funktionswerte

b) Voreinstellende Kommandos.
Diese beeinflussung durch Ausführung irgendwelcher Operationen, z.B. Setzen von Schaltern die Wirkung anderer Kommandos, die im weiteren Verlauf des Dialogs eingegeben werden.

2. Aspekt:
a) Kommandos zur Suche (Recherchierkommandos),
b) Kommandos zur Anzeige bzw. Ausgabe von Ergebnissen,
c) Kommandos zur Hilfestellung beim Dialog.

3. Aspekt (Hierarchie-Ebene):
a) Kommandos zum Einstieg in das Retrieval-System (Aufruf des Systems) oder zum Beenden des Dialogs (Ausstieg aus dem System),
b) Oberkommandos zum Einstieg in eine bestimmte Prozedur (Dialogverkehr),
c) Unterkommandos zu den Oberkommandos.

1. Leichte Erlernbarkeit, Einfachheit, Übersichtlichkeit, Systematik, formale Abrundung und Geschlossenheit, Stil, Einheitlichkeit

1.1 Möglichst wenige Befehle, aber nicht auf Kosten der Einfachheit der Befehle. Alle drei untersuchten Systeme haben in Bezug auf ihren Leistungsumfang zu viele Befehle.

1.1.1 Keine extra Befehle für Spezialfälle anderer Befehle. Negatives Beispiel: S: ..PRINT , .. MAIL ; ROOT , MASK

1.2 Mnemotechnisch guter Befehlscode.

1.2.1 Aufbau der Befehle nach einem einheitlichen Stil. Negatives Beispiel: In T wurden die Befehle MITANZ, OHNANZ, MITGEB, OHNGEB hinzugefügt. Es sind voreinstellende Befehle. Solche wurden bisher durch EIN/AUS dargestellt. Um den bisherigen Stil beizubehalten, hätte man z.B. einführen müssen: ANZ(EIN/AUS) , GEB(EIN/AUS).

1.2.2 Der Inhalt (Wirkungstyp) eines Befehls sollte auch in der (äußeren) Form zum Ausdruck kommen. (Voreinstellung, Operation (Verändern von Listen), Berechnung von Funktionswerten, Anzeige (Ausgabe)). Positive Beispiele: S: Voreinstellende Befehle werden durch ..SET eingeleitet

T: Ausgabekommandos beginnen mit *GIB (dadurch aber sehr redundant)
Negative Beispiele:
T: Voreinstellende Kommandos und einmalig wirkende Kommandos nicht klar getrennt. Es gibt sogar eine Reihe von Kommandos, die beide Formen von Wirkungen haben.

1.2.3 Keine Unterscheidung zwischen einem und mehreren Blanks. Am besten: Blanks ohne jede Bedeutung (außer Trennzeichen). Negatives Beispiel: S: CICS: Überflüssige Blanks beim Aufruf von AQUA führen dazu, daß die Parameter nicht erkannt werden.

1.3 Einfach beschreibbare Syntax und Wirkung der Befehle. Wirkung der Befehle gut überschaubar und einheitlich für alle Fälle (keine Ausnahmefälle).

1.3.1 Die Wirkung eines Kommandos muß durch den Kommandonamen und die Spezifikationen eindeutig determiniert sein. Keine Abhängigkeit von zufälligen aktuellen Speicherbelegungen (Pufferzustände) z.B. bei der Sortierfolge angezeigter Daten. Bei wiederholter Eingabe eines Kommandos mit den gleichen Spezifikationen muß dasselbe Ergebnis herauskommen.

1.3.2 "Semantische Kontextfreiheit":
Ein Sprachelement, eine Spezifikation, z.B. ein Sonderzeichen, sollte überall, d.h. in jedem Befehl, in dem es vorkommen kann, die gleiche oder vergleichbare Bedeutung haben ("ausklammerbar").
Negative Beispiele: G: Der Schrägstrich / bedeutet

1) Abgrenzung der Themenkreise bei der Indizierungslogik,
2) Ersetzen oder Löschen eines Deskriptors in der Deskriptorenliste.

Der Klammeraffe @ bedeutet

1) Universalzeichen bei der Maskierung (genau 1 Zeichen).
2) Einleitungszeichen für Nummer eines Deskriptors, der aus dem Thesaurus in die Deskriptorenliste übernommen werden soll.

S: Das Komma , bedeutet

1) Trennzeichen zwischen Parameterangaben (SYN=ON, DETAIL=ON),
2) von bis (..PRINT n,m),
3) innere ODER-Verknüpfung von SELECT-Bedingungen zum gleichen Operanden.

1.3.2.1 Das Fehlen einer Spezifikation (Parameterangabe) sollte immer dasselbe bedeuten. Möglichkeiten sind:

a) "alle",
b) "aktuell" (letztes Element nach Nummer oder Eingabezeitpunkt),
c) "Erklärung gewünscht",
d) voreingestellter Wert,
e) Standardwert.

1.3.3 Gleicher Komfort bei analogen bzw. ähnlichen Befehlen. Gleiche Möglichkeiten, Angaben, Spezifikationen zu machen.

1.3.4 Einheitlichkeit der Spezifikationen. Darf man in einem Befehl z.B. einen Deskriptor maskieren, so sollte dies auch in allen anderen Befehlen möglich sein, bei denen eine Deskriptorangabe vorkommen kann. Die Syntaxbeschreibung für die Spezifikation "Deskriptor" ist dann einheitlich und damit "ausklammerbar". Negative Beispiele:
T: Unter den Kommandos mit der Spezifikation "Suchanfragennummer" gibt es einige, bei denen man statt einer Suchanfragennummer auch "ALLE" angeben kann, und andere, bei denen dies nicht möglich ist.

1.3.5 Hat ein Kommando mehrere (gleichberechtigte) Parameter, so müssen alle Wertkombinationen der Parameter möglich sein, also keine Wertabhängigkeiten. Sonst sehr unübersichtlich und schwer zu merken. Negatives Beispiel: Kommando KUERZEN bei T. Der Wertvorrat des Parameters bewzahl hängt vom Wert des Parameters art ab.

1.4 Keine vom Benutzerstandpunkt willkürlichen, nicht einsehbaren Einschränkungen (quantitative und qualitative). Kein "Durchschimmern" system- bzw. programmierertechnischer Rücksichten, reine Problemorientiertheit. Bemerkung 1: Keine Größe kann frei von Beschränkungen sein. Auch bei dynamischer Speichertechnik stößt man auf eine Grenze (Adresslänge). Die Beschränkungen müßten aber so wenig einschneidend sein, daß sie ohne praktische Bedeutung, also nicht mehr lästig, sind. Positives Beispiel: S: Suchfragennummer kleiner 61440 (Diese Zahl wird man wohl nie erreichen).Bemerkung 2: Besonders rechenaufwendige Verfahren müssen bis auf die Befehlsebene durchschlagen, damit sich der Benutzer nicht über die langen Wartezeiten wundert.
Beispiele:
G: Feinrecherche, Unterbrechung nach jeweils 20 Dokumenten.

S: SELECT-Anfragen über die gesamte Datenbasis bewirken einen Hinweis auf lange Suchzeit.

1.5 Möglichst kurze Befehle. Dadurch leichte, bequeme und schnelle Eingabe. Negatives Beispiel: T: Die Befehlswörter sind durchweg zu lang (mittlere Länge ca. 7 Zeichen).

1.5.1 Keine Redundanz, aber Merkbarkeit darf nicht leiden. Negatives Beispiel: T: Die Ausgabekommandos enthalten die 4 redundanten Zeichen *GIB.

1.5.2 Kommandonamen, ebenso Parameternamen und sonstige Schlüsselwörter sollten soweit abkürzbar sein, wie noch Eindeutigkeit vorhanden ist (minimales Rudiment eines Schlüsselwortes). (Bei Gliederung in verschiedene Dialogzweige kann die Länge des Rudiments situationsabhängig sein). Diese Forderung ist bei keinem der drei Systeme erfüllt.

1.5.3 Soll ein und derselbe Wert mehreren Parametern bzw. Teilparametern zugewiesen werden, so sollte er nur einmal anzugeben sein ("ausklammerbar").

1.5.4 Im Normalfall bzw. in einfachen Spezialfällen, die häufig verwendeten Funktionen entsprechen, sollte der Benutzer so wenig wie möglich eingeben müssen. Dabei ist zu beachten:

a) Keine schwerwiegenden Folgen bei kurzen Eingaben.
b) Extrem kurze Befehle können u.U. zu Fehlinterpretationen führen. Sie können schwerer merkbar sein als längere und können bei der Eingabe mehr Überlegung bzw. Nachschlagen erfordern. Als Zeichenkette kurz bedeutet nicht automatisch auch zeitlich kurz bei der Eingabe.

1.5.5 Nach Ausführung eines Kommandos sollte das System normalerweise ein weiteres Kommando vom gleichen Typ erwarten. Will man ein solches eingeben, so müßte das einleitende Kommandowort weglassbar sein. Dieses sollte nur bei einem Kommando eines anderen Typs notwendig sein.

1.5.6 Jeder Parameter zu einem Befehl sollte auch weglassbar sein. (Automatisches Einsetzen von Standardwerten oder von voreingestellten Werten).

1.5.7 Gleichmäßige "Auslastung" der Befehle. Dies führt auch dazu, daß keine zu langen, weil zu komplizierten, Befehle entstehen. Nicht in einen Befehl zu viel "hineinpacken", in andere fast gar nichts. Zu umfangreiche Befehle lieber aufspalten (sie werden dadurch auch leichter lernbar und merkbar), zu "kleine" Befehle zusammenlegen (dadurch ergeben sich weniger Befehle). Negatives Beispiel: T: Es gibt einige Befehle, deren Beschreibung mehrere Seiten erfordert, und andere, die auf wenigen Zeilen zu beschreiben sind.

1.6 Sinnvolle Abgrenzung der Befehle.

1.6.1 Für gleiche oder ähnliche Funktionen nur ein Befehl. Negatives Beispiel: S: ..PRINT , ..MAIL ; ROOT , MASK

1.6.2 Für unterschiedliche Funktionen sollte es auch unterschiedliche Befehle geben. Negatives Beispiel: T: Es gibt eine Reihe von Befehlen, die sowohl voreinstellende als auch einmalige Wirkung haben.

1.6.3 Gut abgestufte Hierarchie zwischen Allgemeinfall und Spezialfall. Herausarbeitung der wichtigen Spezialfälle. In einfachen Spezialfällen sollten die Befehle kurz sein. Ausnutzung der Möglichkeit, Parameter wegzulassen.

1.7 Kurzer Dialog. Dialogablauf nicht zu umständlich. Der Benutzer sollte schnell zum Ziel kommen können.

1.7.1 Leistungsfähige Befehle, mit denen man viel in einem Schritt erledigen kann. Befehle aber nicht zu kompliziert!

1.7.2 Es muß die Möglichkeit bestehen, Dialogschritte zu überspringen bzw. zusammenzufassen ("Durchschalten"). Unter anderem durch Angabe von "Direktwerten".

1.7.3 Es muß die Möglichkeit bestehen, mehrere Kommandos in einem Schritt einzugeben (Kommandofolge).

1.7.3.1 Die mehrfache Eingabe ein- und desselben Kommandos sollte, soweit sie sinnvoll ist, auch durch die Eingabe eines einzigen Kommandos (mit Aufzählung) ersetzbar sein. Positives Beispiel: S: Bei den Befehlen MASK und ROOT ist die mehrfache Eingabe nicht nötig. Man kann eine Folge von Wortrudimenten in einem Befehl angeben. Die meisten Befehle in den drei Systemen haben diese Eigenschaft nicht.

Bemerkung:
Bei einigen Befehlen hat die mehrfache Eingabe keinen Sinn, z.B. bei solchen Befehlen, die keine unterschiedlichen Spezifikationen gestatten (es würde genau die gleiche Operation wiederholt werden).

1.7.3.2 Ist die Dialogsprache hierarchisch aufgebaut, also mit Oberkommandos und Unterkommandos zu diesen, so sollte der Benutzer nach Eingabe des Oberkommandos direkt (im selben Schritt) ein mögliches Unterkommando anschließen können. Gibt er nur das Oberkommando an, so gibt es folgende Möglichkeiten:

a) Es wird ihm die Menge der nun möglichen Unterkommandos angezeigt.
b) Das Kommando wird mit voreingestellten Unterkommandos und Parameterwerten bzw. mit systemspezifisch festgelegten Standardwerten ausgeführt.
c) Der Benutzer kann zwischen a und b wählen, z.B. durch angehängtes ? oder !.

1.7.4 Es muß die Möglichkeit geben, Kommandofolgen zu definieren und später aufzurufen (frei programmierbare Kommandos). Definition von (neuen) Kommandos durch den Benutzer. Speziell auch: Möglichkeit der Umbenennung von Kommandonamen. Spezialfall: "Ankoppeln" eines Kommandos B an ein Kommando A. Mit A wird dann stets auch B ausgeführt (Hintereinanderausführung). Es wird hier kein neuer Kommandoname eingeführt. Neben der Hintereinanderausführung gäbe es noch die Möglichkeit, zuerst A auszuführen und dann B auf das Ergebnis von A anzuwenden ("Operatorprodukt"). Vorbild für die Definition von neuen Kommandos könnte die Makrosprache des Assembler sein.
Beispiel: Definition: UMGEB &DES;&STUF;&ANZ := THE(&DES,&ANZ); SEM(ALLE,&DES,&STUF); Aufruf: UMGEB ESEL;5;20

2. Leistungsfähigkeit und Benutzungskomfort

2.1 Weitestgehende Steuerbarkeit der Wirkungen der Befehle und des Dialogablaufs durch den Benutzer. Möglichst wenige systemspezifische Festlegungen. Steuerung der Wirkung eines Kommandos
a) direkt im Kommando (Spezifikationen, Parameter),
b) durch Voreinstellung.

Parameter und Parameterwerte sollten beliebig auswählbar (beliebig weglassbar) und beliebig kombinierbar, zusammensetzbar sein (keine Wertabhängigkeiten). Alle (Einfluß-) Größen, die die Wirkung eines Kommandos beeinflussen, sollten sowohl im Kommando selbst angebbar als auch durch Voreinstellung festlegbar sein. Anfänger: systemspezifische Festlegungen (Standardwerte); Fortgeschrittener: Steuerbarkeit. Der Benutzer sollte also die Möglichkeit haben, die Wirkung der Kommandos und den Dialogablauf mehr oder weniger zu steuern.

2.2 Keine zu starren Festlegungen (diese nur bei Anfängern), freie Gestaltung des Dialogs.

2.2.1 Mehrere verschiedene Eingabemöglichkeiten für Befehle.

2.2.1.1 Lang- und Kurzformen von Befehlen (für Anfänger und Fortgeschrittene).

2.2.1.2 Wahlweises Ansprechen von Objekten durch Wert (Inhalt), Name oder Nummer (Direktwert oder Indirektwert). Die Angabe von Direktwerten kann Zwischenschritte ersparen. Beispiel: In <u>T</u> könnte man statt

A = ESEL + PFERD
*GIBHID(A)
kürzer
*GIBHID(ESEL + PFERD)
angeben (Suchfrage als Direktwert).

2.2.1.3 Wahlweise Eingabe von Schlüsselwort- oder Positionsparametern; eventuell auch Mischen beider Möglichkeiten (soweit sinnvoll).

2.2.2 Keine unnötigen Trennungen in Dialogzweige.
(Beispiele: <u>S</u>: SEARCH - SELECT , <u>T</u>: FORMAL - DEUTSCH). Extremforderung: "Vollständigkeit": Zu jeder Zeit sollte jedes Kommando eingebbar sein. Jedoch: Kürzere Kommandos (weglaßbare Einleitung), falls man im selben Dialogzweig bleibt. Kein Zwang, nach einem Oberkommando ein zugehöriges Unterkommando anzuschließen (Scheinkommando, falls man sich in der Wahl des Zweiges geirrt hat). Beispiele:
<u>G</u>: ältere Version mit getrennten Prozeduren SUCHEN und THAUS.
<u>S</u>: Wenn das System Parameter erwartet, akzeptiert es keinen Befehl, nicht einmal ..OFF.

2.3 Weiterverwendbarkeit bereits gewonnener Ergebnisse und Wiederverwendbarkeit früherer Eingaben.

2.3.1 Sofortige Weiterverwendung.

2.3.1.1 Zu jedem Ergebnis eines Befehls müssen Befehle existieren, die dieses Ergebnis weiterverarbeiten können. (Kein Ergebnis soll "brach" liegenbleiben).

2.3.2 Spätere Weiterverwendung, Wiederverwendung (wegspeichern). Alle Eingaben (insbesondere Suchanweisungen) und Zwischenergebnisse sollten wegspeicherbar sein und zu einem späteren Zeitpunkt weiter- bzw. wiederverwendbar sein.

a) Im selben Dialog.
b) In einem späteren Dialog.
(b geht nur bei S : SAVE , EXEC).
Vorschlag: Die Eingaben (Kommandos oder Kommandofolgen) werden innerhalb des Dialogs automatisch fortlaufend nummeriert. Ein früher eingebenes Kommando kann dann über seine Nummer aufgerufen werden (eine Folge von Kommandos über eine Folge von Nummern).

2.4 Ausnutzung aller Such- und Anzeigemöglichkeiten, die von der Konzeption des Systems her möglich sein. Sind Zuordnungen, Relationen gespeichert, so sollten sie auch abfragbar und anzeigbar sein.
Beispiel: Bei S werden die in den invertierten Listen gespeicherten Positionsangaben nur teilweise ausgenutzt.

2.4.1 Weitestgehende Anzeigbarkeit aller Ergebnisse und aller wichtigen gespeicherten Daten sowie aller bereits eingegebenen Befehle (anzeigbares Dialogprotokoll). Der gesamte Dialog sollte außerdem auf einem Ausgabemedium protokollierbar sein.

2.5 Der Benutzer sollte eine Anweisung modifizieren bzw. korrigieren können, ohne sie komplett neu eingeben zu müssen. (Bezugnahme auf die Anweisung durch ihre Nummer, Angabe der Modifikation bzw. Korrektur; Wirkung so, als ob die Anweisung in der modifizierten Form eingegeben würde, Ausführung der modifizierten Anweisung).

2.6 Anpassungsfähigkeit an den Kenntnis- und Erfahrungsstand des Benutzers. Die "Benutzerfreundlichkeit" darf sich nicht nur auf den "Normalbenutzer" beschränken. Sie muß ebenso auch den Anfänger und den erfahrenen Benutzer erfassen. Das System muß die verschiedenen Benutzergruppen auch verschieden, angemessen bedienen können. Anfänger: Führung des Benutzers durch das System, umfangreiche Hilfe-Funktionen mit ausführlichen Erläuterungen, Vorgehen in kleinen Schritten, Vorgehen nach vorgefertigtem Standard-Dialog, das System macht Vorschläge zur Fortsetzung des Dialogs. Fortgeschrittener: Komprimierte, kompakte Kommandos, selbst definierbare Kommandos und Kommandofolgen, Eingabe mehrerer Kommandos in einem Schritt, Abkürzung des Dialogs, Schritte überspringbar, Vorgehen in großen Schritten, aber auch Auflösbarkeit in Einzelschritte. Der Benutzer sollte also, je nach Kenntnisstand, die Möglichkeit haben, sich wahlweise schneller (in einem Schritt) oder langsamer (in mehreren Schritten) an das gewünschte Ergebnis heranzuarbeiten. Er sollte sich sowohl in vorgefertigten Bahnen als auch in einem selbst frei gestalteten Dialog bewegen können.

3. Sicherheit beim Umgang mit dem System, Fehlerunanfälligkeit

3.1 Umfangreiche Hilfe-Funktionen.

3.1.1 Globale Angaben (statisch).

3.1.1.1 Auskunft über die überhaupt möglichen Befehle.

3.1.1.2 Angaben über die Datenbank.

3.1.2 Aktuelle Angaben (situationsabhängig).

3.1.2.1 Auskunft über die zur Zeit, im speziellen Dialogzustand, möglichen Befehle.

3.1.2.2 Kurze Beschreibung der Situation, Angaben zum Dialogzustand. Speziell: aktuelle Voreinstellungen.

3.2 In jeder Dialogsituation sollte der Benutzer die folgenden zwei Möglichkeiten haben:

a) Anfordern der Anzeige der (überhaupt oder momentan) möglichen Befehle.

b) Direkte Eingabe der möglichen Befehle.

3.3 Eine Rückschau auf den bisher geführten Dialog sollte jederzeit möglich sein.

a) Gesamter bisher geführter Dialog.

b) Gezieltes Positionieren bzw. Springen innerhalb des (komprimierten) Dialogprotokolls. Dazu müßten die Dialogschritte automatisch fortlaufend numeriert werden. (Ein Dialogschritt besteht aus einer Benutzereingabe und einer Systemantwort).

Auch zur Wiederverwendung (Aufruf) früherer Eingaben. Ansätze dazu sind in den drei Systemen vorhanden:

G: FRAGE

(Anzeige der aktuellen Deskriptorenliste und der aktuellen Suchlogik).

S: DISPLAY

T: WIELAUT

(Anzeige früher gestellter Suchfragen).

Bei S und T können auch frühere Suchfragen in spätere eingesetzt werden.

3.4 Vernünftige Reaktion des Systems auf falsche Eingaben.

a) Gut verständliche Fehlermeldung.

b) Stabilität gegenüber einfachen Fehlern. Selbsttätige automatische Fehlerkorrektur (Erraten der Absicht des Benutzers).

3.4.1 Beispiel: Gibt der Benutzer einen Parameterwert an, der außerhalb des zulässigen Wertebereichs liegt, so könnte das System den Wert automatisch in den zulässigen Wertebereich hineinschieben (Extremwert, Maximum oder Minimum). Das wird bei S teilweise so gemacht (Positionierungsbefehle innerhalb der Ausgabe).

3.4.2 Ausführen des Anfangsabschnittes eines Befehls, der noch formal richtig ist. Ignorieren des fehlerhaften Restes. Bei S ist dieses Prinzip insoweit durchgehalten: Ist das einleitende Befehlswort formal korrekt, so wird der Befehl (teilweise) ausgeführt (Die Ausführung besteht oft im Einstieg in einen Dialogzweig). Der fehlerhafte Rest wird ignoriert.

Mögliche Antwort des Systems: "Ich interpretiere Ihre Eingabe als ..... . Falls Sie das auch meinten, drücken Sie bitte auf "ENTER", andernfalls wiederholen Sie die Anfrage".

3.4.3 Derselbe Fehlertyp sollte stets in gleicher Weise behandelt werden. Negatives Beispiel: Bei S gibt es zwei verschiedene Reaktionen auf die Eingabe einen ungültigen Parameterwertes:

a) Einsetzen eines gültigen Wertes.

b) Fehlermeldung.

Beispiel: Treten bei einem Positionierungsbefehl, z.B. DOC-n, negative Nummern auf, so gibt es die folgenden Reaktionen:

1) Sprung auf das erste Dokument (Minimalwert wird eingesetzt).
2) Sprung an den Anfang der Prozedur.
3) Fehlermeldung.

3.4.4 Auf keinen Fall sollte ein Fehler zum Abbruch des Dialogs führen.

3.5 Sehr kurze Eingaben, die man auch leicht versehentlich machen kann, wie z.B. die leere Eingabe, dürfen keine schwerwiegenden Folgen haben, wie z.B. Getrenntwerden vom System. Negatives Beispiel: G außerhalb GMD-Installation: Die leere Eingabe führt zum Abbruch des Dialogs.

3.6 Aus jeder Situation sollte es einen Ausweg geben. Ein ungeübter Benutzer könnte z.B. in einen Dialogzweig geraten sein, aus dem er nicht mehr hineinfindet. So etwas könnte man dadurch vermeiden, daß man die letzte Zeile des Bildschirms für Hinweise auf Abbruch- und Fortsetzungskommandos sowie auf Hilfe-Kommandos reserviert. Diese Hinweise müßten stets sichtbar sein. Der fortgeschrittene Benutzer sollte allerdings die Möglichkeit haben, diese Hinweise auszuschalten.

3.7 Der Benutzer sollte stets wissen, welcher "Kommunikationszustand" gerade vorliegt:

a) Eingabezustand (der Benutzer gibt etwas ein).
b) Ausgabezustand (das System gibt etwas aus).
c) Das System wartet auf Eingabe (der Benutzer denkt).
d) Der Benutzer wartet auf Ausgabe oder Vollzugsmeldung (das System arbeitet).

Der Benutzer könnte z.B. irrtümlicherweise noch eine Ausgabe erwarten bzw. eine Fortsetzung einer Ausgabe, die aber nicht kommt. Das System sollte ihm in dieser Situation anzeigen, daß die Bearbeitung des letzten Kommandos beendet ist und es nun eine Eingabe erwartet. Kommandos ohne sichtbare Wirkung (ohne Ausgabe) sollten zumindest mit einer Vollzugsmeldung abgeschlossen werden.

Schema:

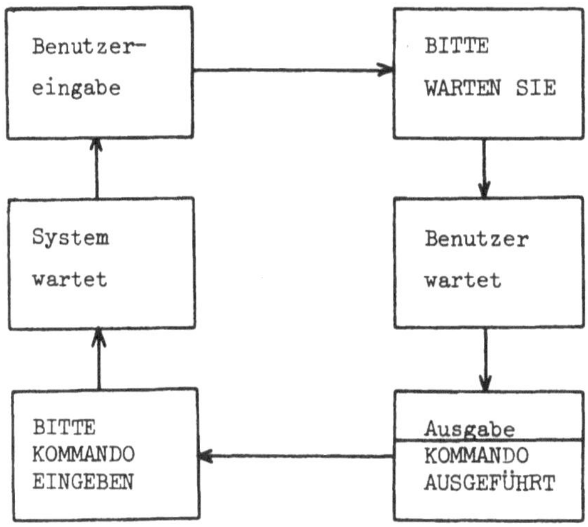

Bei längeren Wartezeiten (System arbeitet) empfiehlt sich ab und zu eine Meldung "ICH BIN NOCH DA". (Damit der Benutzer nicht ungeduldig wird oder meint, das System sei zusammengebrochen).

D o k u m e n t a t i o n

j u r i s t i s c h e r   V e r w e i s u n g e n

Dr. Friedrich Gebhardt

Übersicht | Seite

Zusammenfassung

Dieser Aufsatz untersucht die Realisierungsmöglichkeiten für die Dokumentation juristischer Verweisungen in Dokumentationssystemen. Insbesondere kann man die Verweisungen beim zitierenden oder beim zitierten Dokument oder in eigenen Dokumentationseinheiten, und zwar entweder eine Einheit pro Verweisung oder eine je Einzelnorm, speichern. Besondere Gesichtspunkte sind dabei die Änderung von Normen (was ggf. zur mehrfachen Speicherung der Verweisungen führt) sowie der Aufwand bei Änderungen (updating).

Um die Vor- und Nachteile der verschiedenen Lösungen abwägen zu können, muß man wissen, in welchem Zusammenhang innerhalb eines Dialogs der Benutzer Verweisungen verwendet. Deshalb wird zunächst versucht, die zu erwartenden Suchfragen nach den zur Suche benutzten Elementen zu klassifizieren. Außerdem ist für die Beurteilung wichtig, ob der Benutzer überwiegend die Verweisungen selbst oder aber die Texte der zitierenden oder zitierten Dokumente sucht; diese Frage kann nur durch Juristen oder durch Benutzerforschung entschieden werden.

Summary

Explicit citations between laws between laws or other regulations play an important part in legal documentation systems. Various ways of implementation are checked in this paper. The citation can be stored with the citing of the cited document (e.g., article of a law) or in separate documentation units, in the latter case either one unit per article or one per citation. Special considerations arise from alterations of laws that may lead to a multiple storage of citations and from up-dating problems.

In order to evaluate the advantages of each solution, one has to know in which context within a dialog citations are used. Therefore the search requests that are expected are classified into types according to the citation elements that are used for the search.

Another important aspect is whether the user mostly wants the citation itself or the text of the citing or cited document. However, this can be determined only by jurists or by studying the user behaviour.

1. Einleitung [1)]

Die Dokumentation juristischer Verweisungen in einem Dokumentationssystem ist auf verschiedene Weise möglich; eine Festlegung in dieser Richtung sollte sich darauf abstützen, welche Verweisungselemente überwiegend zur Suche und welche zur Anzeige benutzt werden und in welchem Zusammenhang im Dialog Verweisungen gebraucht werden. Dies scheint bislang nicht hinreichend untersucht zu sein.

Im folgenden werden Fragetypen zusammengestellt, von denen bekannt ist, daß sie von Juristen benutzt oder gewünscht werden. Bei einer weiteren Liste von Fragetypen ist das zweifelhaft, jedoch könnte der Grund der Nichtbenutzung darin liegen, daß bislang keine Hilfsmittel (z.B. Register) existieren, die eine solche Fragestellung zu bearbeiten gestatten.

Schließlich werden einige Möglichkeiten aufgezeigt, die Dokumentation von Verweisungen in bestehenden Retrieval-Systemen zu verwirklichen.

---

1) Der Verfasser ist Frau Schlagböhmer und Herrn Reiner für zahlreiche Anregungen zu Dank verpflichtet. Trotzdem gibt dieser Aufsatz nicht unbedingt die Meinung dieser beiden Personen wieder, sondern wird voll vom Verfasser verantwortet.

2. Fragetypen

Die vollexpliziten juristischen Verweisungen [Berger 1971] bestehen aus verschiedenen Elementen (vgl. auch [Normen 1974] , Rubrik 6420), die in Abschnitt 3.1 im einzelnen aufgeführt werden. Ein Katalog von Verweisungen gestattet die Beantwortung verschiedenartiger Fragen, etwa "Wann wurde § 7 b EStG zuletzt geändert?" oder "Welche Normen wenden Art. 12 GG bedingt an?".
Welche Typen von Fragen unmittelbar oder mit einigem Aufwand beantwortet werden können, richtet sich nach den Ordnungskriterien beim Aufbau des Katalogs. Besonders wichtig sind zweifellos zwei Arten:

- Beim "Aktivregister" sind die Verweisungen nach der Ausgangsnorm sortiert. Es liefert damit im Prinzip die gleichen Informationen (bezüglich der Verweisungen) wie die Ausgangsnorm selbst, ist jedoch übersichtlicher als diese.
- Beim "Passivregister" sind die Verweisungen nach der Bezugsnorm sortiert. Es gestattet somit die Beantwortung von Fragen nach allen Normen, die auf die vorgelegte Norm verweisen (sie ändern, anwenden usw.).

Im folgenden sollen die sinnvollen Fragen, deren Beantwortung durch eine Verweisungsdokumentation möglich sein sollte, in Fragetypen eingeteilt werden, und zwar nicht nach inhaltlichen Kriterien (etwa durch Unterscheidung von gültigkeitsregelnden, ändernden und anwendenden Verweisungen), sondern nach formalen, nämlich nach den Elementen, die zur Suche benutzt werden und teilweise auch nach denen, die gesucht sind. In Abschnitt 3 werden solche Fragetypen betrachtet werden, die sich ausschließlich auf Verweisungen beziehen und sich durch eine geeignete Dokumentation der Verweisungen im Prizip einfach beantworten lassen. Abschnitt 4 behandelt Fragetypen, die entweder weitere Bestandteile der Normen (z.B. die Texte) einbeziehen oder andere Komplikationen mit sich bringen.

3. Fragetypen, die mit den erfaßten Verweisungselementen beantwortet werden können

3.1 Elemente der Verweisungen

Für jede Verweisung werden, soweit vorhanden, folgende Verweisungselemente erfaßt:

a) Art der Verweisung.
b) Ausgangsnorm: Überschrift des Normenkomplexes.
c) Ausgangsnorm: Einzelnorm, ggf. mit weiteren Gliederungseinheiten (Absatz, Satz usw.)
d) Ausgangsnorm: Fassungsdatum.
e) Ausgangsnorm: Fundstelle.
f) Bezugsnorm: Überschrift des Normenkomplexes.
g) Bezugsnorm: Einzelnorm, ggf. mit weiteren Gliederungseinheiten (Absatz, Satz usw.), ggf. stattdessen Gliederungseinheiten oberhalb der Einzelnormebene mit zusätzlicher Angabe der Spanne der Einzelnormen.
h) Bezugsnorm: Fassungsdatum (sofern in der Verweisung ausdrücklich angegeben).
i) Anfangsdatum (sofern in der Verweisung ausdrücklich angegeben).
j) Endedatum (sofern in der Verweisung ausdrücklich angegeben).
k) Adressat der Ermächtigung.
l) Gegenstand der Ermächtigung.
m) -o) wie f) -h) für die zweite Bezugsnorm.

Da die zweite Bezugsnorm im Rahmen dieses Papiers keine zusätzlichen Probleme aufwirft, wird sie im folgenden nicht weiter erwähnt. Desgleichen werden hier explizite Verweisungen in Entscheidungen des Bundesverfassungsgerichts mit Gesetzeskraft nicht behandelt.
Die Fundstelle der Bezugsnorm ist in der Regel bei der Verweisung in der Ausgangsnorm nicht mit angegeben und wird deshalb nicht mit erfaßt.

3.2 Zur Suche benutzte Elemente

In den Fragetypen, die dem Autor (der kein Jurist ist) bekannt geworden sind [1], kommen folgende Kombinationen von Elementen vor, die zur Suche benutzt werden. Hierbei kann es sich beim Typ V einer Verweisung sowohl um eine einzelne Verweisungsart (z.B. "Ergänzung", "Berichtigung") als auch um eine Gruppe von Verweisungsarten (z.B. "anwendende Verweisung", "gültigkeitsregelnde Verweisung") handeln.

Nr.	Suchelemente	Fragebeispiel
		Suchfragen mit bekannter Ausgangsnorm
1	b	Welche Vorschriften des Gesetzes A enthalten Verweisungen?
2	b, c	Welche Verweisungen enthält § P des Gesetzes A?
3	b, f	Welche Vorschriften des Gesetzes A verweisen auf welche Vorschriften des Gesetzes B?
4	b, c, f	Auf welche Vorschriften des Gesetzes B verweist § P des Gesetzes A?
5	b, a	Welche Vorschriften des Gesetzes A enthalten eine Verweisung des Typs V?
6	b, c, a	Welche Verweisungen des Typs V enthält § P des Gestzes A?
7	b, f, a	Welche Verweisungen des Typs V auf Gesetz B enthält Gesetz A?
8	b, c, f, a	Welche Verweisungen des Typs V auf Gesetz B enthält § P des Gesetzes A?
9	b, f, g	Welche Vorschriften des Gesetzes A beziehen sich auf § Q des Gesetzes B?
10	b, f, g, a	Welche Vorschriften des Gesetzes A enthalten Verweisungen des Typs V auf § Q des Gesetzes B ?

---

1) Insbesondere durch die folgenden nicht veröffentlichten Papiere, die jedoch von der Existenz von Aktiv- und Passivregistern ausgehen und daher wenig zum Auffinden von Fragetypen beitragen, die mit diesen Hilfsmitteln nicht beantwortet werden können: Schlagböhmer. Dokumentation expliziter Verweisungen in gesetzlichen Vorschriften. 5. Juni 1972. Schlagböhmer. Verweisungsregister betreffend das Grundgesetz und das 1. - 30. Änderungsgesetz. 26. Juni 1972. Schlagböhmer, Strempel, Uhlig. (Ohne Titel) 9. Juni 1972. Schlagböhmer. Normendokumentation. (Ohne Datum, etwa 1974).

Nr.	Suchelemente	Fragebeispiel
11	b, k	Welche Ermächtigungen des Ministers M enthält Gesetz A?
12	b, l	Welche Ermächtigungen zum Gegenstand G enthält Gesetz A?
		Suchfragen mit einer Ausgangsnorm, von der nur Datum oder Fundstelle bekannt ist
13	d, f, a	Welche Verweisungen vom Typ V auf das Gesetz B enthält das Änderungsgesetz vom Datum D? (Speziell: Welche gültigkeitsregelnde Verweisungen enthält das Änderungsgesetz zum GG vom 22.10.1957?)
14	e, f, a	Welche Verweisungen vom Typ V auf das Gesetz B enthält das Gesetz mit der Fundstelle F? (Speziell: Welche gültigkeitsregelnde Verweisungen enthält das Änderungsgesetz zum GG, das in BGBl I (1957) 1745 veröffentlicht ist?)
		Suchfragen mit unbekannter Ausgangsnorm
15	f	Auf welche Vorschriften des Gesetzes B wird von welchen Vorschriften verwiesen?
16	f, g	Welche Vorschriften verweisen auf § Q des Gesetzes B?
17	f, a	Welche Vorschriften enthalten eine Verweisung des Typs V auf Gesetz B oder einzelne Vorschriften des Gesetzes B?
18	f, g, a	Welche Vorschriften enthalten eine Verweisung des Typs V auf § Q des Gesetzes B?
		Suchfragen, bei denen weder die Ausgangs- noch die Bezugsnorm bekannt ist
19	k, a	Welche Vorschriften enthalten eine Ermächtigung des Ministers M?
20	l, a	Welche Vorschriften enthalten eine Ermächtigung zum Gegenstand G?
21	k, l, a	Welche Vorschriften enthalten eine Ermächtigung des Ministers M zum Gegenstand G?

Die Fragebeispiele sind wirklich nur als Beispiele gedacht. Unter einem Fragetyp können sich auch scheinbar ganz andersartige Fragen verbergen, z.B. unter Nr. 5 "Welche Ermächtigungen enthält Gesetz A?" und unter Nr. 17 "Wann ist Gesetz B in Kraft gesetzt worden?".

Die zur Suche benutzten Elemente lassen sich wie folgt schematisch darstellen.

	Suchelemente											
Nr.	a	b	c	d	e	f	g	h	i	j	k	l
1		x										
2		x	x									
3		x				x						
4		x	x			x						
5	x	x										
6	x	x	x									
7	x	x				x						
8	x	x	x			x						
9		x				x	x					
10	x	x				x	x					
11		x									x	
12		x										x
13	x			x		x						
14	x				x	x						
15						x						
16						x	x					
17	x					x						
18	x					x	x					
19	x										x	
20	x											x
21	x										x	x

Es fällt auf, daß die Elemente d und e nur in den Fragen 13 und 14 auftauchen und h nirgends. (Die Elemente i und j kommen auch nicht vor. Von ihnen war dieses Ergebnis zu erwarten, sie dienen zur Anzeige).

3.3 Weitere denkbare Fragetypen

Bei manchen Fragetypen des Abschnitts 3.2 scheint es sinnvoll zu sein, das Fassungsdatum der Ausgangs- oder Bezugsnorm als zusätzliches Suchelement zu verwenden.

Es muß jedoch gleich darauf hingewiesen werden, daß hier nicht Fragen nach Verweisungen gemeint sind, die (unter anderem auch) in der Fassung der Norm A vom Datum D enthalten sind; denn dazu gehören auch alle Verweisungen aus früheren Fassungen, die in der Zwischenzeit nicht durch eine Änderungsnorm aus dem Text der Norm A entfernt worden sind. Auf solche Fragestellungen wird in Abschnitt 4.4 gesondert eingegangen werden.

Hier geht es also nur um Verweisungen, die in Norm A durch eine Änderungsnorm vom Datum D neu eingefügt wurden, um Gültigkeitsregelungen zur Norm A durch eine Norm vom Datum D, um Anwendungen einer Norm B in der Fassung vom Datum D (wo also eine ganz bestimmte Fassung anzuwenden ist) und ähnliche Fälle.

Nr.	Suchelemente	Fragebeispiel
1 a	b, d	Welche Verweisungen wurden in die Norm A in der Fassung vom Datum D neu eingefügt?
2 a	b, c, d	Welche Verweisungen wurden in den § P der Norm A in der Fassung vom Datum D neu eingefügt?
3 a	b, d, f	Welche Vorschriften der Norm A, die in die Fassung vom Datum D neu eingefügt worden sind, verweisen auf welche Vorschriften der Norm B?
3 b	b, f, h	Welche Vorschriften der Norm A verweisen auf welche Vorschriften der Norm B in der Fassung vom Datum D?

In dieser Weise kann man auch für die Fragen 4 bis 18 Varianten finden, in denen zusätzlich zum Suchelement b auch d bzw. zusätzlich zu f auch h verwendet wird. Manche dieser Fragen sind vermutlich von sehr geringer praktischer Bedeutung, nämlich

- Fragetypen, in denen b, c und d vorkommt, weil die Kombination b und c bereits auf so wenige Verweisungen führt, daß eine weitere Einschränkung durch d nicht mehr erforderlich ist,

- die Kombination d, f, h, a (vgl. Typ Nr. 13), die nicht sinnvoll zu sein scheint,
- die Kombinationen b, d, k und b, d, l (vgl. Typ 11 und 12), da Ermächtigungen ohnehin selten sind und noch seltener nachträglich in eine Norm aufgenommen werden.

Besonders sinnvoll erscheint die Erweiterung von Fragetypen, die Element f enthalten, um Element h (Fragen nach Normen, die eine Norm B in einer ganz bestimmten Fassung anwenden). Fragetypen, die Element d, aber nicht b, oder Element h, aber nicht f, enthalten, würden bedeuten, daß man von einer Norm, die zur Suche dient, das Fassungsdatum (für die Stammfassung ist das das Zitierdatum) kennt, aber nicht den Namen. Ob dieser Fall von Bedeutung ist, müßte von Juristen diskutiert werden.

Für manche (z.B. wissenschaftliche) Fragestellungen könnte es interessant sein, alle Verweisungen eines bestimmten (seltenen) Typs, evtl. in Verbindung mit einem Datum, aufzufinden:

Nr.	Suchelement	Fragebeispiel
22	a	Welche Normen heben eine andere Norm bedingt auf?
23	a, d	Welche nach dem Datum D erlassenen Normen heben eine andere Norm bedingt auf?

Auch eine Ergänzung der Fragetypen 19 bis 21 um Element d (Frage nach Ermächtigungen vor oder nach einem Zitierdatum - nicht Inkraftsetzungsdatum - D) könnte sinnvoll sein (Typen 19 a bis 21 a).

Für die ergänzenden Typen 19a bis 21a, 22 und 23 sieht das Suchschema so aus:

Nr.	Suchelemente											
	a	b	c	d	e	f	g	h	i	j	k	l
19a	x			x							x	
20a	x			x								x
21a	x			x							x	x
22	x											
23	x			x								

3.4 Folgerungen

Bei den meisten aufgeführten Fragetypen ist entweder die Ausgangsnorm oder die Bezugsnorm bekannt. Daher können diese Fragen im Prinzip beantwortet werden, wenn der Funktion nach sowohl Aktiv- wie Passivregister vorhanden sind (zu abweichenden Realisierungsmöglichkeiten siehe Abschnitt 5).
Zur weiteren Eingrenzung der gesuchten Verweisungen aufgrund von Elementen außer c) und d) bzw. f) und g) ist die Aufnahme dieser Elemente in die Umkehrdatei nicht erforderlich; eine (maschinelle oder notfalls manuelle) Suche in den Aktiv- bzw. Passivregistern reicht aus.

Bei den verbleibenden Fragetypen werden Verweisungen gesucht, die eine bestimmte, relativ seltene Verweisungsart (insbesondere eine Ermächtigung) enthalten. Diese Fragen könnten durch ein weiteres Register gelöst werden, das nach der Verweisungsart sortiert ist. Vermutlich würde es ausreichen, dieses Register für gewisse, nicht zu häufige Verweisungsarten einzurichten. Falls Fragen nach einer Norm unbekannten Namens mit bekanntem Zitier- (oder Fassungs-) -datum sinnvoll sind, würde bereits eine nach Zitierdaten geordnete Liste aller Normenkomplexe ausreichen.

3.5 Zur Anzeige benutzte Elemente

Bei den gesuchten Elementen ist es ohne besonderes Interesse, welche Kombinationen durch die verschiedenen Fragetypen verlangt werden. Die Elemente a bis g, i und j kommen einzeln oder in Kombination mit anderen vor. In Fragetypen, die nach f und g fragen, ist sicherlich die Anzeige von h (Fassungsdatum) auch erwünscht, soweit eins vorhanden ist.

4. Weitere Fragetypen

4.1 Anzeige des Textes

In manchen Fragetypen werden (auch wenn das manchmal nicht ausgesprochen wird) nicht Verweisungen oder Verweisungselemente gesucht, sondern die Texte der Vorschriften, in denen diese Verweisungen stehen oder auf die sie sich beziehen.

Der Benutzer erhält diese Texte unter den folgenden Bedingungen unmittelbar:

- für Suchfragen, in denen die Ausgangsnorm bekannt ist, falls die Verweisungen in der gleichen Dokumentationseinheit wie die Texte der Bezugsnormen gespeichert sind (d.h.das Passivregister einer Norm ist in der gleichen Dokumentationseinheit wie der Text der Norm gespeichert),
- für Suchfragen, in denen die Bezugsnorm bekannt ist, falls die Verweisungen in der gleichen Dokumentationseinheit wie die Texte der Ausgangsnormen gespeichert sind (d.h. das Aktivregister einer Norm ist in der gleichen Dokumentationseinheit wie der Text der Norm gespeichert).

Der letzte Fall dürfte der wichtigere sein.

Sind die Verweisungen in gesonderten Dokumentationseinheiten gespeichert, so erhält der Benutzer nur die einschlägigen Verweisungen und muß zur Anzeige der Texte eine zweite Suchfrage eingeben, die auf dem Ergebnis der ursprünglichen aufbaut.

4.2 Anzeige formaler Angaben der gefundenen Einzelnormen

Bei manchen Fragetypen werden nicht die Verweisungen, sondern bestimmte formale Angaben der in den Verweisungen genannten Einzelnormen gesucht. Hierfür gilt zunächst dasselbe wie für Texte (Abschnitt 4.1). Genannt werden:

- Normgeber der ändernden Norm. Dieser könnte in der Rubrik Normgeber der geänderten Norm gespeichert werden.[1)]
- Zitierdatum der ändernden Norm. Dieses wird beim Projekt JURIS auch in Rubrik 5137 (Fassungsdatum) der geänderten Norm gespeichert [Normen 1974].
- Ausfertigende Person/Institution der ändernden Norm. Dieses wird weder bei der ändernden noch bei der geänderten Norm gesondert erfaßt (außer im Text), ist in JURIS also nicht abrufbar.

Man sieht, daß die wichtigen Fälle (die ersten beiden) bereits ohne die Verweisungsdokumentation gelöst werden könnten bzw. gelöst worden sind.

---

1) Dies war beim Projekt JURIS für Rubrik 3151 des Datenerhebungskatalogs Normen vorgesehen, ist aber aus mir unbekannten Gründen dann unterblieben.

4.3 Kombinationen

Gelegentlich werden einige Kombinationen von Suchfragen genannt, die sich nicht ohne weiteres lösen lassen. Typisches Beispiel: "Welche Gliederungseinheiten des Gesetzes A, die Verweisungen auf Gesetz B enthalten, sind geändert worden?" Anders ausgedrückt: Es wird der Durchschnitt der Gliederungseinheiten (nicht der Verweisungen!) gesucht, die sich auf die beiden Suchfragen qualifizieren "Welche Gliederungseinheiten des Gesetzes A enthalten Verweisungen auf Gesetz B?" und "Auf welche Gliederungseinheiten des Gesetzes A beziehen sich Verweisungen vom Typ Änderung?".

Zur Beantwortung dieser Frage wird der Benutzer die Durchschnittsbildung selbst vornehmen müssen. Eine Durchschnittsbildung durch die Rechenanlage ist z.B. unter den folgenden Bedingungen denkbar: Die Aktiv- und die Passivverweisungen einer Norm sind in der gleichen Dokumentationseinheit (z.B. bei den Texten) gespeichert; das Ergebnis einer Suchfrage kann abgespeichert und mit dem Ergebnis einer späteren Suchfrage durch logisches UND verknüpft werden.

4.4 Zeitliche Begrenzungen

Bei den Verweisungen werden Zeitangaben nur erfaßt, wenn sie explizit im Text der verweisenden Norm enthalten sind oder wenn bei gültigkeitsregelnden und ändernden Verweisungen im Text der verweisenden Norm ein Ereignis als Gültigkeitsbeginn oder -ende genannt wird, dessen Eintreffen einheitlich für den gesamten Gültigkeitsbereich der Norm eindeutig festgestellt werden kann ("am 14. Tage nach der Veröffentlichung" usw.).

Insbesondere aus den anwendenden Verweisungen geht somit in der Regel nicht hervor, ab wann oder bis wann sie anzuwenden sind. Der Beginn der Anwendung kann u.a. dadurch gegeben sein, daß

- die Ausgangsnorm inkraft tritt,
- die Bezugsnorm inkraft tritt,
- die Ausgangsnorm ein Datum des Geltungsbeginn für die Verweisung nennt (befristete Anwendung),
- ein einheitlich für den gesamten Gültigkeitsbereich zutreffendes Ereignis eintritt (bedingte Anwendung mit genereller Bedingung),

- ein vom einzelnen Anwendungsfall abhängiges Ereignis eintritt (z.B. sobald der Betroffene eine bestimmte Bedingung erfüllt) (bedingte Anwendung mit Einzelfallbedingung).

Ähnliches gilt für das Geltungsende.

Im letzten Falle ist das Datum nicht im Rahmen der Verweisungsdokumentation zu erfassen. Die Abgrenzung zum vorletzten Fall scheint aber nicht immer eindeutig zu sein (vgl. die Beispiele in [Berger 1971] , S. 165-166), so daß auch dort eine Dokumentation der zeitlichen Begrenzung gar nicht immer möglich ist. Weiterhin scheint es eine Sache der Auslegung zu sein, ob eine anwendende Verweisung vor Inkrafttreten der Bezugsnorm anzuwenden ist oder nicht. Ist die Festlegung eines Zeitpunkts aber Ergebnis einer Auslegung, so kann dieser nicht in einem öffentlich zugänglichen System ausgewählt und dokumentiert werden. Hieraus ersieht man bereits einige Schwierigkeiten, die einer vollständigen Erfassung von Geltungsbeginn und -ende vor allem der anwendenden Verweisungen entgegenstehen und sie wahrscheinlich sogar un - möglich machen.
Andrerseits ergeben sich daraus, daß Geltungsbeginn und -ende in diesen Fällen nicht erfaßt werden, verschiedene Konsequenzen:

- Der Benutzer muß im Einzelfall prüfen, welche der ihm nachgewiesenen Verweisungen gelten.
- Das Retrieval-System kann ihm manche Verweisungen mehrfach nennen (d.h. die materiell gleiche Verweisung tritt formal mehrfach auf). Beispiele:

  § 13 wendet § 27 an; § 13 wird später in § 14 umnumeriert; auf die Frage, welche Einzelnorm den § 27 anwendet, bekommt der Benutzer sowohl § 13 als auch § 14 ohne Zeitangaben angezeigt.

  § 13 Satz 2 wendet § 27 an; § 13 erhält später einen Absatz 2; auf die Frage, welche Einzelnorm den § 27 anwendet, bekommt der Benutzer sowohl § 13 Satz 2 als auch § 13 Absatz 1 Satz 2 ohne Zeitangaben angezeigt.

4.5 Sonstige Fragetypen

Außer den bisher genannten Fragetypen sind außerdem Fragetypen der folgenden Art angesprochen worden.

Wieviele bzw. welche Einzelnormen des Gesetzes A sind geändert/nicht geändert worden? Das Abzählen bleibt dem Benutzer überlassen, ebenso das Heraussuchen derjenigen, die im Register der ändernden Passivverweisungen nicht vorkommen.

Durch wieviele Gesetze ist Gesetz B geändert worden? Die ändernden Verweisungen können angezeigt werden; aus wievielen Gesetzen diese stammen, muß der Benutzer abzählen, sofern es sich nicht aus einer Numerierung der Änderungsgesetze ergibt.

Beruht das Gesetz auf einem zwischenstaatlichen Abkommen? Dies wird im Rahmen der Verweisungsdokumentation nicht erfaßt; der Benutzer muß mit Wörtern, die dafür charakteristisch sind, im Text suchen.

5. Realisierungsmöglichkeiten

5.1 Speicherung bei den Texten

Die erste Realisierungsmöglichkeit für die Verweisungsdokumentation ist, Aktiv- und Passivverweisungen einer Norm in der gleichen Dokumentationseinheit wie den Text und die formalen Angaben zu speichern. Dabei brauchen natürlich der Name des Normenkomplexes und die Einzelnormbezeichnung, die in der Dokumentationseinheit ohnehin vorhanden sind, in den Verweisungen nicht noch einmal gespeichert zu werden, vgl. Abbildung 1.

Für Fragen der Typen "welche Normen beziehen sich auf die (bekannte) Bezugsnorm B" (Fragen Nr. 3, 4, 7 bis 10, 13 bis 18) braucht sich der Benutzer bei der Dokumentationseinheit B nur das Passivregister anzusehen, sofern er nur die Verweisungen sehen will; will er auch die Texte der Ausgangsnormen angezeigt bekommen, so muß er alle Dokumente suchen, bei denen B im Aktivregister vorkommt.

Umgekehrt braucht er für Fragen der Typen "auf welche Bezugsnormen bezieht sich die (bekannte) Ausgangsnorm A "(Fragen Nr. 1 bis 12) nur das Aktivregister von A anzusehen (hilfsweise den Text von A, der jedoch unübersichtlicher ist, insbesondere wenn man in einem ganzen Normenkomplex nur die Verweisungen einer bestimmten Art sucht); will er nicht die Verweisungen, sondern den Text der Bezugsnormen angezeigt bekommen, so muß er alle Dokumente suchen, bei denen A im Passivregister vorkommt.

Ein Vorteil dieser Realisierung ist, daß der Benutzer sehr einfachen Zugriff zum Text (und den sonstigen Angaben) der gesuchten Normen hat; ein weiterer Vorteil besteht darin, daß er durch eine Verfeinerung der Suchfrage (Suche nach Normen mit einem Gültigkeitsanfang vor und einem Gültigkeitsende nach dem von ihm angegebenen Datum) die letzte der in Abschnitt 4.4 genannten Schwierigkeiten (mehrfache Anzeige der materiell gleichen Verweisung) wenigstens teilweise umgehen kann.
Ein Nachteil ist, daß sich der Benutzer aus u.U. sehr langen Registern die für ihn relevanten Verweisungen selbst heraussuchen muß.

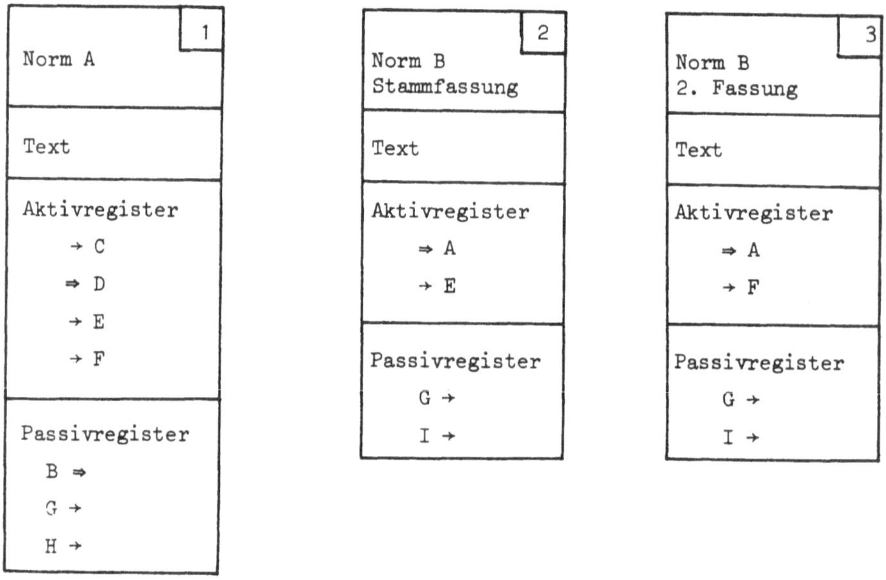

Abbildung 1. Speicherung der Aktiv- und Passivregister bei den Texten. Die Zahl in der rechten oberen Ecke stellt die Dokumentnummer dar; → und ⇒ symbolisieren zwei Verweisungsarten. Beispiel für 2 Suchfragen:

a) "Welche Normen verweisen auf Norm B?"
Lösung: Die kombinierten Passivregister der beiden Fassungen von Norm B zeigen G und I an.

b) "Wie lauten die Normen, die mit Verweisungsart ⇒ auf Norm A verweisen?"
Lösung: Die Normen, die "⇒ A" im Aktivregister enthalten (beide Fassungen von Norm B).

Ein weiterer Nachteil besteht darin, daß die Aktiv- und Passivverweisungen bei jeder Fassung einer Einzelnorm, auf die sie zutreffen, erneut gespeichert werden müssen, insbesondere auch alle Verweisungen, die sich nicht geändert haben (z.B. die, die sich auf die Einzelnorm in ihrer jeweiligen Fassung beziehen).

5.2 Gesonderte Dokumentationseinheiten für jede Verweisung

Eine weitere Realisierungsmöglichkeit ist, aus jeder Verweisung eine eigene Dokumentationseinheit zu machen, siehe Abbildung 2.

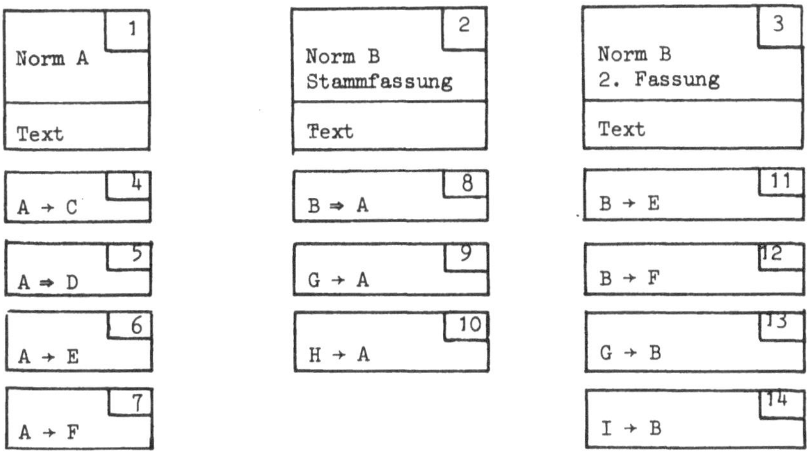

Abbildung 2. Jede Verweisung bildet eine eigene Dokumentationseinheit.
Lösung der beiden Suchfragen von Abbildung 1:

a) Verweisungsdokumente, die B als Bezugsnorm enthalten (Dokumente Nr. 13 und 14).
b) 1. Schritt: Dokumente, die "⇒A" enthalten (Dokument Nr. 8);
   2. Schritt: Ausgangsnormen der im 1. Schritt gefundenen Verweisungen (Norm B, Dokumente 2 und 3).

Vorteile:

- Es entfällt die Doppelspeicherung jeder Verweisung als Aktiv- und Passivverweisung.
- Es entfällt die Mehrfachspeicherung bei jeder Fassung einer Norm.
- Der Benutzer erhält als Ergebnis seiner Suchfrage nur die Verweisungen mit den von ihm angegebenen Suchelementen, insoweit also keinen Ballast (jedoch ggf. die materiell gleiche Verweisung mehrfach, vgl. Abschnitt 4.4).
- Es gibt keine Updating-Probleme der Passivregister.

Nachteile:

- Wenn er die Texte (oder sonstige Angaben) der gefundenen Normen sehen will, muß er in einer neuen Suchfrage die anzuzeigenden Normen als Suchbegriffe eingeben.
- Die große Zahl sehr kurzer Dokumentationseinheiten bedeutet einen gewissen Mehraufwand an Speicherplatz und evtl. Rechenzeit.

5.3 Verweisungsdokumente

Eine dritte Realisierungsmöglichkeit ist die Erstellung eigener Verweisungsdokumente (z.B. je Einzelnorm mit einem weiteren für den Normenkomplexrahmen oder auch je angesprochener Gliederungseinheit wie bei Berger, d.h. ggf. auch für Absätze, Sätze, Halbsätze, Ziffern, Buchstaben sowie für Kapitel usw.), siehe Abbildung 3.

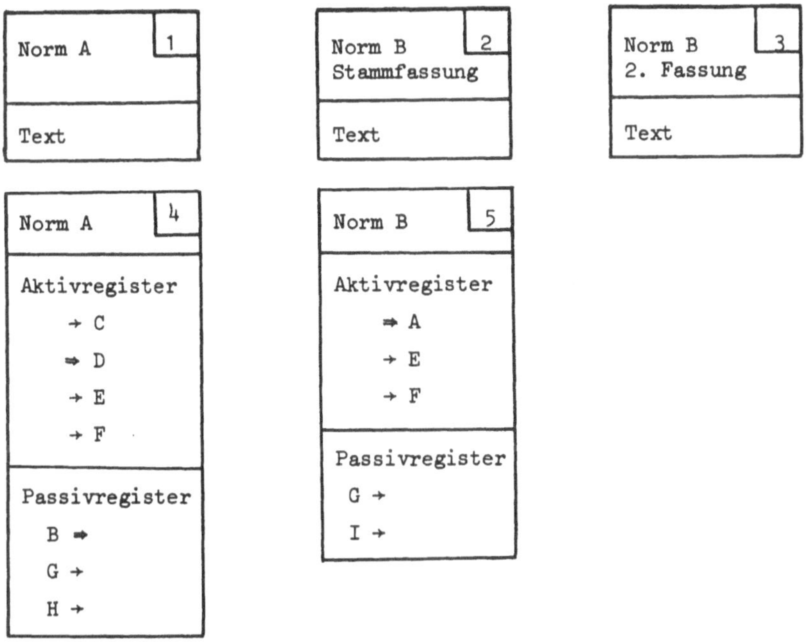

<u>Abbildung 3.</u> Pro Norm wird ein Verweisungsdokument erstellt.
Lösung der beiden Suchfragen von Abbildung 1:
a) Passivregister des Verweisungsdokuments von Norm B (Normen G und I).
b) 1. Schritt: Aus dem Passivregister des Verweisungsdokuments von Norm A findet man für Verweisungsart ⇒ nur Norm B;
2. Schritt: Aufsuchen von Norm B (Dokumente 2 und 3).

Gegenüber der ersten Lösung ergibt sich der Vorteil, daß die Verweisungen bei jeder Einzelnorm nur einfach, nicht bei jeder neuen Fassung noch einmal gespeichert werden. Im übrigen aber vereinigt diese Lösung im wesentlichen die Nachteile der beiden anderen:

Der Benutzer muß aus u.U. sehr langen Registern die für ihn relevanten Verweisungen selbst herausnehmen.
- Zur Anzeige des Textes muß er wie bei der zweiten Lösung eine neue Suchfrage stellen.
- Updating-Probleme der Passivregister sind möglich.

5.4 Kombinationen

Weitere Realisierungsmöglichkeiten sind möglich, insbesondere Kombinationen der genannten. Diese bedeuten im allgemeinen

- größere Vielfalt der Recherche-Möglichkeiten,
- größeren Aufwand an Speicherplatz (Mehrfachspeicherung) und beim Updating.

Insbesondere ist folgende Kombination möglich:

Speicherung der Aktiv- und Passivregister in den gleichen Dokumentationseinheiten wie die Texte und Bildung einer Dokumentationseinheit je Verweisung.

Letztere werden benutzt, solange man nur an den Verweisungen selbst interessiert ist, erstere, wenn man die zugehörigen Texte sucht.

6. Schlußfolgerungen

Das vorliegende Papier betrachtet die Probleme der Verweisungsdokumentation primär aus der Sicht der Datenverarbeitung; es bleibt Juristen überlassen, auf Mängel aus juristischer Sicht hinzuweisen.

Nur wenn man alle zu erwartenden Fragetypen kennt, kann man feststellen, ob eine vorgeschlagene Realisierung auch alle zu beantworten gestattet. Deshalb muß durch Juristen geklärt werden, ob die Tabellen in Abschnitt 3 in dem Sinne vollständig sind, daß sie alle normalerweise vorkommenden Fragetypen enthalten. Hierbei sollen exotische Fragetypen, die man sich ausdenken könnte (z.B. "gibt es zwei Einzelnormen, die gegenseitig aufeinander verweisen", "gibt es eine Norm, deren § 47 auf § 11 der gleichen Norm verweist"), unberücksichtigt bleiben. Insbesondere wäre zu klären, in welchem Zusammenhang Fassungsdatum und Fundstelle für die Suche herangezogen werden.

Ein weiteres Problem, das für den Aufbau einer Verweisungsdokumentation wichtig ist, ist das, ob der Benutzer in der Regel die Verweisungen oder die Texte der in den Verweisungen enthaltenen Normen sucht. Je nachdem sind eigene Verweisungsdokumente oder Speicherung der Verweisungen bei den Texten vorzuziehen, ggf. auch eine Kombination, falls beide Arten der Suche häufig vorkommen.

In Abschnitt 4 sind einige Fragestellungen zusammengestellt, die sich mit der Verweisungsdokumentation nicht unmittelbar lösen lassen. Hier wäre eine Aussage darüber nützlich, wie wichtig diese Fragestellungen für den Juristen bei der Suche sind, um ggf. nach anderen Realisierungsmöglichkeiten suchen zu können. Aufgrund der gesammelten Fragetypen scheint es, daß der Benutzer überwiegend an verschiedenartigen Auszügen aus den Verweisungsregistern und zum Teil am Text der in diesen Auszügen auftretenden Normen interessiert ist. Dies deutet ebenso wie die Überlegungen des Abschnitts 5 darauf hin, daß man aus jeder Verweisung eine eigene Dokumentationseinheit machen sollte. Weitere Möglichkeiten der Realisierung ergeben sich natürlich, wenn man eine Zusatzprogrammierung beim Retrieval-System in Betracht zieht, die u.a. die Anzeige von Registerauszügen vorsehen müßte. Zuvor sollte man jedoch möglichst umfangreiche Erfahrungen mit den Möglichkeiten sammeln, die das in der GMD von H. Krämer [Krämer 1973] speziell für die Normendokumentation entwickelte System TR/1 bietet.
TR/1 zeigt die sich qualifizierenden Verweisungen an; allerdings kann nur ein Teil der Fragetypen Nr. 1 bis 23 von TR/1 bearbeitet werden.

Bezüglich des Geltungszeitraumes der Verweisungen ist die Verweisungsdokumentation beim JURIS weniger weit ausgebaut als im Entwurf von Berger für den Deutschen Bundestag: Beginn- oder Ende-Datum steht nur bei der Verweisung, bei der es direkt erfaßt wird; es werden keine weiteren Datumsangaben maschinell zugeteilt (etwa aufgrund von gültigkeitsregelnden Verweisungen). Damit bewirken falsche Datumserfassungen (z.B. wegen irrtümlicher Wertung eines im Gesetzestext vorkommenden Datums als befristete Anwendung, vgl. Abschnitt 4.4) keine schlecht überschaubaren Einträge an anderen Stellen; eine falsche Zuordnung der Verweisungsart hat ebenfalls in der Regel keine weitergehenden Auswirkungen. Insoweit ist das Problem juristischer Wertung bei der Klassifizierung von Verweisungen entschärft.

Möglichkeiten der Suche und Anzeige von Normen und ihren Gliederungseinheiten in Dokumentations-Systemen

Dr. Friedrich Gebhardt
Prof.Dr. Peter Lockemann
Joachim Poetsch

Übersicht | Seite

Zusammenfassung

Wegen der starken Gliederung und der häufigen Änderung von Normen treten in Dokumentationssystemen Schwierigkeiten bei der Suche und bei der Anzeige auf. Es werden Wege aufgezeigt, wie diese in kommerziellen Systemen teils durch (manchmal zweckfremde) Ausnutzung ihrer Möglichkeiten, teils durch geringe bis mäßige Zusatzprogrammierung umgangen werden können. Dabei wird davon ausgegangen, daß die Einzelnorm als dokumentarische Bezugseinheit fungiert. Die Hauptprobleme betreffen dann einerseits die Suche in Normenkomplexen (also über die Einzelnormgrenzen hinaus), andrerseits die Anzeige von Einzelnormen, die im Textzusammenhang (Anordnung verschiedener Einzelnormen im Komplex) oder zeitlich (verschiedene Fassungen der gleichen Einzelnorm) aufeinander folgen.

Summary

When laws are stored in an information retrieval system, problems arise due to their deep structure and their frequent changes. We will show how these can be overcome in commercially available systems partly by taking advantage (sometimes in a non-conventional way) of available features, partly by suggesting small to moderate additional programming changes. We assume that each article of a law constitutes a "document" for the retrieval system since most searches will be based on that unit. The main problems then arise when one wants to perform a search on the basis of complete laws and when one wishes to read articles neighbouring the one that has been found (either in text sequence of in time sequence, the latter concerning former or later versions of the same article).

1. Problemstellung

1.1 Dokumentationseinheiten

Dokumentationssysteme dienen dazu, Angaben über "Dokumente" zu speichern. "Dokumente" können dabei Bücher, Aufsätze, Briefe, Personen, Grundstücke oder vieles anderes sein; deshalb ist es sinnvoller, das Objekt, auf das sich eine Beschreibung in einem Dokumentationssystem bezieht, mit dem allgemeineren Ausdruck "dokumentarische Bezugseinheit" (vgl. z.B. [ADEK 1972] und [Laisiepen 1972]) zu belegen. Das Abbild der dokumentarischen Bezugseinheit (DBE) im Dokumentationssvstem heißt Dokumentationseinheit (DE).

In der Regel bestehen in einem Dokumentationssystem keine direkten Beziehungen zwischen den einzelnen Dokumentationseinheiten. Jede einzelne kann geändert oder gelöscht werden, neue können hinzugefügt werden, ohne daß sich dadurch Auswirkungen auf andere Dokumentationseinheiten ergeben. Beziehungen zwischen zwei dokumentarischen Bezugseinheiten werden lediglich dadurch wiedergegeben, daß der Name oder eine andere eindeutige Kennzeichnung der einen Dokumentationseinheit in geeigneter Weise bei der anderen abgespeichert wird (z.B. als Deskriptor). Das Dokumentationssystem macht davon jedoch keinen Gebrauch (es "weiß" nicht, daß das die Bezeichnung einer anderen DE ist).

1.2 Dokumentation von Normenkomplexen

Bei der Dokumentation von Normenkomplexen (Gesetzen, Rechtsverordnungen usw.) ergeben sich im Vergleich zu Judikaten und Literatur zusätzliche Schwierigkeiten aufgrund ihrer starken Strukturierung und häufigen Änderung.

Normenkomplexe sind in der Regel textlich stark gegliedert; der Benutzer muß auf mehreren Gliederungsebenen suchen können (mindestens auf Normenkomplex-, Einzelnorm- und Absatzebene). Abbildung 1 illustriert diesen Sachverhalt.

Unserer Erfahrung nach ist die wichtigste Gliederungseinheit für Suche und Anzeige die Einzelnorm (Paragraph, Artikel).[1] Daher ist es sinnvoll, die Einzelnorm als eine dokumentarische Bezugseinheit zu verwenden. Die Inhaltsübersicht und die Präambel werden wie Einzelnormen behandelt. Der verbleibende Teil des Normenkomplexes (z.B. Eingangs- und Schlußformel) wird als weitere DBE unter dem Namen Normenkomplexrahmen zusammengefaßt. Die formalen Angaben (z.B. Normgeber, Fundstelle, Geltungsbeginn und -ende) werden zum Teil bei den Einzelnormen, überwiegend beim Normenkomplexrahmen gespeichert.

1) Beim "Wiener System" werden statt der Einzelnormen sogar noch kleinere Einheiten, nämlich die Absätze, als dokumentarische Bezugseinheiten gewählt [Kofler 1973].

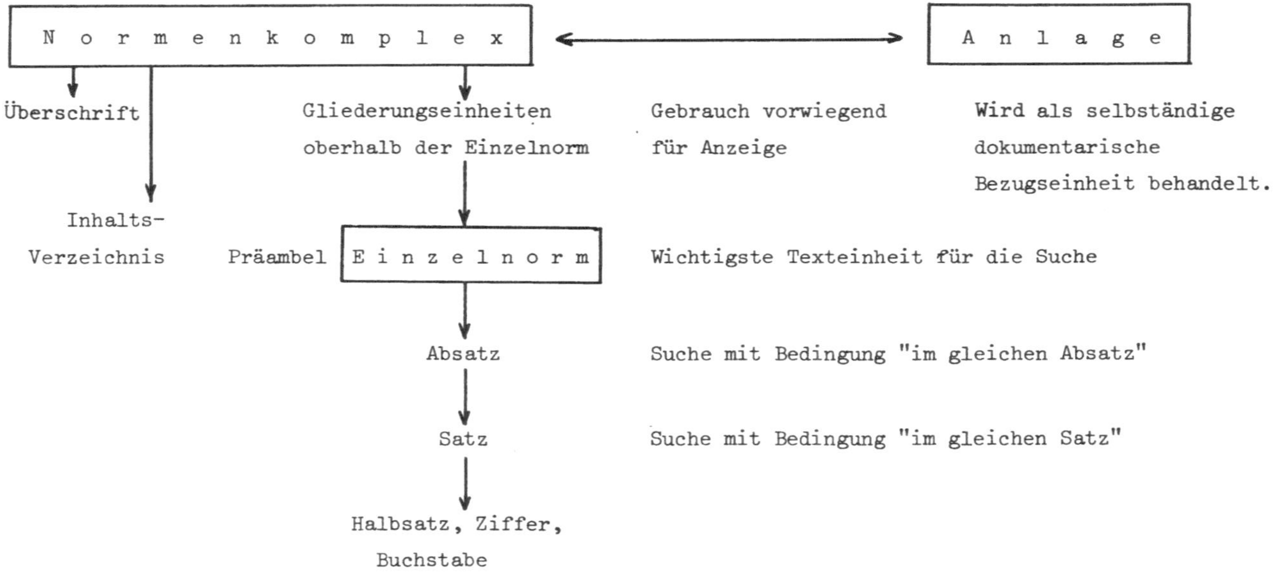

Abbildung 1. Textliche Gliederung eines Normenkomplexes.
Bei allen Texteinheiten sind Fußnoten möglich.

Die Überschriften oberhalb der Einzelnormebene können beim Normenkomplexrahmen, bei der auf die Überschrift folgenden Einzelnorm oder als selbstständige DBE gespeichert werden; auf sie wird im folgenden nicht weiter eingegangen.

Infolge der Änderung von Normenkomplexen oder des Inkrafttretens einzelner Teile zu unterschiedlichen Zeiten tritt eine zweite Gliederung, nämlich die nach dem Gültigkeitszeitraum, hinzu. Insgesamt muß man sich also einen Normenkomplex als zweidimensional gegliedert vorstellen: Die eine Dimension ist die fortlaufende Abfolge des Textes, die andere ist die Zeit, in der ein bestimmter Text gültig ist (vgl. Abbildung 2).

Weitere Komplikationen treten hinzu. In der zeitlichen Dimension muß die Suche auf solche Dokumentationseinheiten (oder Teile davon) beschränkt werden können, die zu einem gegebenem Zeitpunkt gültig waren. Ferner ist nicht vorhersehbar, an welcher Stelle später welche neue Gliederungseinheiten eingeschoben werden, so daß bei der Aufnahme der Urfassung eines Normenkomplexes die sich später einmal ergebende textliche Gliederung in keiner Weise feststeht.

Die Forderung nach einer ausreichenden zweidimensionalen Gliederung der Dokumentationsbestände ist bisher offensichtlich kaum gestellt worden. Sowohl die Retrieval-Systeme im Forschungsbereich oder für spezielle Anwendungen als auch kommerzielle Retrieval-Systeme vermögen sie daher nur beschränkt und bestenfalls auf Umwegen zu erfüllen. Da man angesichts des hohen Aufwandes bei der Erstellung derartiger Systeme auf marktgängige Systeme zurückgreifen muß, soll im folgenden beispielhaft an drei kommerziellen Retrieval-Systemen (GOLEM der Firma Siemens, STAIRS der Firma IBM, TELDOK der Firma Telefunken Computer) erläutert werden, welche Schwierigkeiten auftreten können und welche Anpassungsmaßnahmen erforderlich sind.

Bei den kommerziellen Retrieval-Systemen fehlt aber nicht nur die Möglichkeit einer zweidimensionalen Gliederung; selbst eine eindimensionale Gliederung der Dokumente kann nicht in ausreichendem Maße wiedergegeben werden. Sie gestatten höchstens eine einstufige Untergliederung eines Dokuments in Textteile (z.B. eines Normenkomplexes in Einzelnormen oder einer Einzelnorm in Absätze). Zudem ist die Zahl der Textabschnitte z.T. begrenzt (z.B. bei

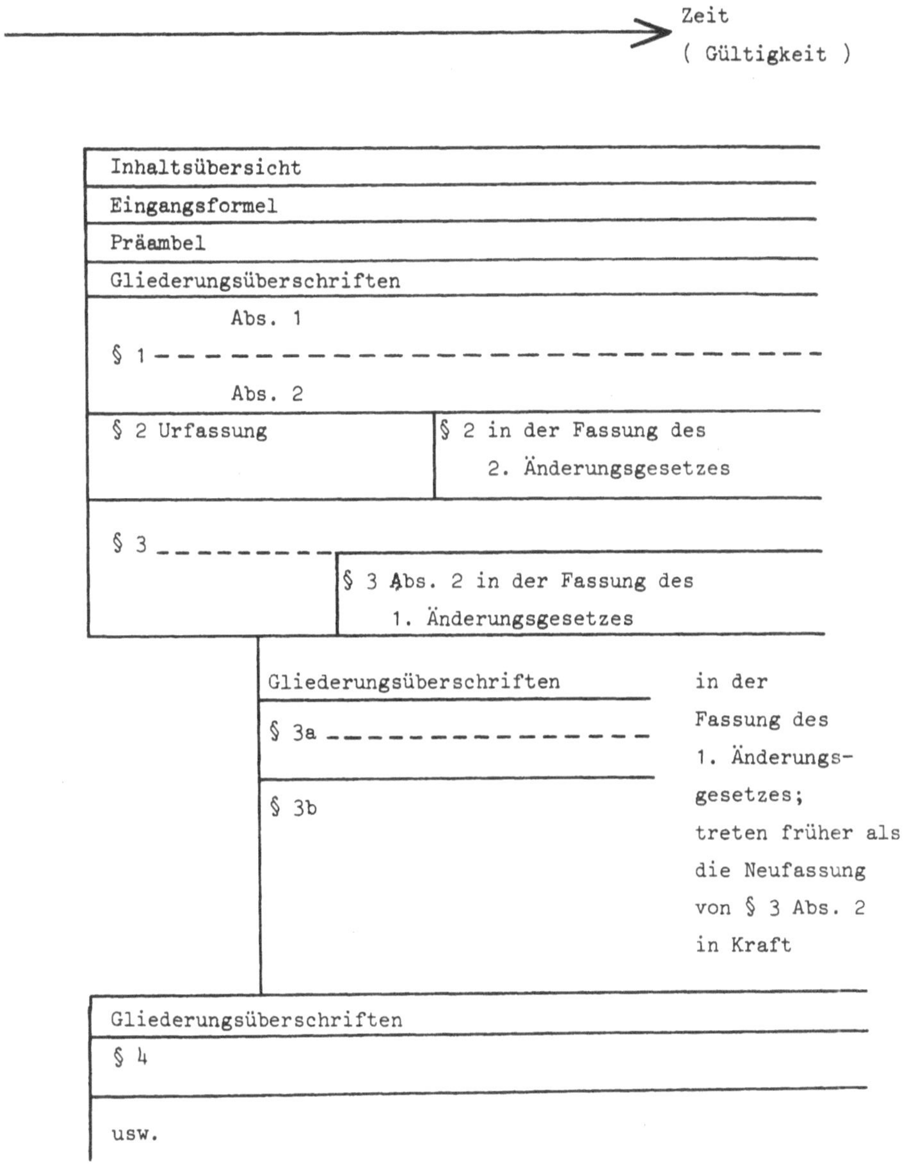

xt

bildung 2. Schematische Darstellung der zweidimensionalen Gliederung des Textes eines Normenkomplexes.

GOLEM auf 32). Dies bedeutet, daß in diesem Falle eine Dokumentationseinheit höchstens aus 32 Teilen (z.B. Einzelnormen) bestehen darf. TELDOK kennt überhaupt keine Untergliederung.

Auf absehbare Zeit sind mit kommerziellen Retrieval-Systemen nur Notlösungen durch Aufspaltung der Normenkomplexe in einzelne Dokumentationseinheiten möglich.

Für jede in einem Zeitraum geltende Fassung einer Einzelnorm oder des Normenkomplexrahmens wird eine neue Dokumentationseinheit angelegt (also auch, wenn nur einzelne Teile, z.B. ein Absatz, ein Satz oder ein Wort, geändert werden).

Damit ergeben sich jedoch Schwierigkeiten, sobald man innerhalb eines gesamten Normenkomplexes suchen möchte (z.B. alle Normenkomplexe, in denen zwei Suchwörter A und B vorkommen, aber nicht notwendig in der gleichen Einzelnorm) oder wenn man im Textzusammenhang ("räumlich") oder in der zeitlichen Gültigkeit aufeinander folgende Einzelnormen angezeigt bekommen möchte. Bei manchen Dokumentationssystemen sind auch besondere Vorkehrungen notwendig, um eine Suche innerhalb von Absätzen oder Sätzen durchzuführen.

Aus Überlegungen innerhalb des Projekts JURIS und aus Diskussionen mit Vertretern von Firmen, die Dokumentationssysteme anbieten, haben sich einige Möglichkeiten ergeben, die genannten Probleme mehr oder weniger zufriedenstellend mit den von kommerziellen Systemen angebotenen Hilfsmitteln oder mit nicht zu umfangreicher Zusatzprogrammierung zu lösen. Diese Möglichkeiten sollen im folgenden dargestellt werden. Auf die Verweisungsdokumentation (vgl. [JURIS 1972], Kap. 3.3.2.3 und [Berger 1971]) wird nicht eingegangen.

Ein Dokumentationssystem, das nicht von der starren Gliederung in Dokumentationseinheiten ausgeht, ist TR/1 [Krämer 1973] (die wichtigsten Eigenschaften sind auch in [Strempel 1973] beschrieben). TR/1 wurde von H.G. Krämer (GMD) im Rahmen des Projekts JURIS [JURIS 1973, Fabry 1973a und 1973b, Strempel 1973] entworfen und entwickelt, um die angedeuteten Probleme bei der Normendokumentation zu lösen; es zeigt, daß dies durch eine zweckmäßige Strukturierung der Datenbasis und entsprechende Suchfunktionen durchaus möglich ist. Weiterhin sei hier auf den Zusatz "FAIR" zu STAIRS verwiesen [Semturs 1973].

Die folgenden Ausführungen beziehen sich jedoch nur auf die in kommerziellen Systemen vorhandenen Möglichkeiten, und zwar, wie bereits erwähnt, insbesondere auf die Systeme GOLEM [Siemens o.D. und 1972/73], STAIRS [IBM 1973 und 1974] und TELDOK [Telefunken o.D.]. Dabei wird vorausgesetzt, daß dem Leser die Suchlogik der Systeme bekannt ist; andernfalls muß aus Platzgründen leider auf die Hersteller-Literatur verwiesen werden. Diese drei Systeme unterscheiden sich in ihrer Struktur recht erheblich; trotzdem stellt sich heraus, daß viele der aufzuzeigenden Möglichkeiten im Prinzip in allen drei Systemen realisierbar sind (wobei sich die Realisierung im Detail natürlich stark unterscheiden und auch verschieden großen Aufwand verursachen kann). Man kann erwarten, daß die folgenden Ausführungen im wesentlichen auch für andere Dokumentationssysteme gelten, sofern diese in ihrem Leistungsumfang mit den genannten Systemen vergleichbar sind.

2. Suche unterhalb der Einzelnormebene

Die Suche auf Absatz- oder Satzebene erfordert eine mindestens zweistufige Untergliederung von Dokumentationseinheiten, nämlich die Einteilung des Dokuments in Abschnitte, Segmente oder ähnliche benannte Teile und deren Aufspaltung in Sätze. Sie ist problemlos möglich bei STAIRS (je Absatz ein Segment, Operatoren SAME und WITH) für die Suche "im selben Absatz bzw. Satz". (Die weniger wichtige Suche in einem vorgegebenen Abschnitt ist nur auf Absatzebene möglich.)

Bei GOLEM ist eine Suche auf Satzebene durch den inzwischen zwar verbesserten, aber immer noch in der Handhabung unbefriedigenden Operator SATZ möglich. Eine Suche auf Absatzebene kann mit Hilfe von Indices durchgeführt werden: Allen aus dem gleichen Absatz herausgezogenen Deskriptoren wird bei der Dateneingabe der gleiche Index zugeordnet; durch die Suchlogik beim Operator IND (in der Feinrecherche) kann die Suche auf Dokumente begrenzt werden, bei denen ausgewählten Deskriptoren der gleiche Index zugeordnet ist.

TELDOK bietet keine Suchmöglichkeiten auf Satzebene. Die Suche auf Absatzebene kann durch das Konzept der Teildokumente ermöglicht werden, auf das später (Abschnitt 6.3) eingegangen wird. Es läuft darauf hinaus, sowohl für jede Einzelnorm als auch für jeden Absatz eine Dokumentationseinheit mit den jeweils zugehörigen Deskriptoren anzulegen; der Text (für die Anzeige) wird jedoch nur einmal (z.B. bei der Einzelnorm) gespeichert.

3. Suche oberhalb der Einzelnormebene

3.1 Doppelspeicherung

Eine Suche auf Normenkomplexebene dürfte relativ selten erforderlich sein; ein gewisser Mehraufwand bei der Suche ist daher ohne weiteres tragbar.

Die einfachste Möglichkeit, eine Suche auf Normenkomplexebene zu ermöglichen, ist die zusätzliche Speicherung des Normenkomplexes als Dokumentationseinheit. Auf die Speicherung des Textes kann dabei verzichtet werden; nur die Deskriptoren werden geführt, und zwar allein in der Umkehrdatei bei STAIRS, zusätzlich in Form verkürzter Dokumente bei GOLEM und TELDOK.

Im Falle von Änderungen des Normenkomplexes können die Deskriptoren sämtlicher Fassungen in der gleichen Dokumentationseinheit abgelegt werden. Dies kann gelegentlich zu Fehlassoziationen bei der Suche führen, wenn zwei durch UND verknüpfte Deskriptoren zu verschiedenen Zeiten, aber nicht gleichzeitig in einem Normenkomplex vorkommen; dieser Nachteil wird jedoch nicht für schwerwiegend erachtet.

Diese Lösung erfordert eine zwar nicht vollständige, aber doch erhebliche Doppelspeicherung. Der Mehraufwand an Speicherplatz ist jedoch beim Projekt JURIS nicht so gravierend, wie es zunächst aussieht, da die Normendokumentation ohnehin nur einen (platzmäßig) geringen Anteil an JURIS hat; über alles gesehen dürfte der Mehraufwand bei wenigen Prozent liegen.

Wollte man jedoch, um die oben beschriebenen Fehlassoziationen zu vermeiden, bei jeder Änderung eine neue Dokumentationseinheit für den ganzen Normenkomplex anlegen, so wäre der Mehraufwand an Speicherplatz beträchtlich.

3.2 Doppelspeicherung und Zuordnung zu einer Kategorie

Das in Abschnitt 3.1 beschriebene Verfahren hat zunächst zwei Nachteile:

a) Die Anzeige der Vorkommenhäufigkeit jedes Deskriptors in der Datenbank wird verfälscht, da jeder Deskriptor sowohl bei der Einzelnorm- als auch bei der Normenkomplex-Dokumentationseinheit gezählt wird.

b) Bei einer Suche auf Einzelnormebene werden auch die sich qualifizierenden Normenkomplexe gefunden.

Fall a) tritt bei TELDOK nicht auf, da diese Häufigkeiten dort nicht angezeigt werden können.
Fall b) könnte theoretisch dadurch ausgeschaltet werden, daß man den Einzelnormen oder den Normenkomplexen standardgemäß einen bestimmten Deskriptor zuordnet und diesen mit UND bzw. mit UND NICHT in die Suche einbezieht; da dies aber bei jeder Suche auf Einzelnormebene geschehen müßte, ist dieses Verfahren zu umständlich und praktisch unbrauchbar. (Der Benutzer sollte grundsätzlich nicht beim Normalfall, sondern beim Sonderfall zusätzliche Angaben machen müssen.) Außerdem ist unbefriedigend, daß hierbei unterschiedliche Dinge gleich behandelt werden: Wünscht man Dokumente, die die Deskriptoren A und B <u>in</u> der gleichen Einzelnorm enthalten, so muß man mit A UND B <u>UND</u> EINZELNORM suchen, also so, als sollten die Dokumente nicht nur <u>über</u> "A" und "B", sondern auch über "Einzelnormen" etwas aussagen.

Ein besseres, wenn auch immer noch nicht befriedigendes Verfahren ist es, den Deskriptoren des Normenkomplexes eine bestimmte Kategorie zuzuordnen (TELDOK) bzw. diese Deskriptoren einem bestimmten Aspekt zuzuordnen (GOLEM) bzw. sie mit einem bestimmten Vorsatz zu versehen (STAIRS, z.B. "N-Deskriptor" statt "Deskriptor"). Der Benutzer muß dann bei der Suche auf Normenkomplexebene jeden Deskriptor mit dieser Kategorie bzw. diesem Aspekt bzw. diesem Vorsatz versehen. Das erscheint tragbar, da es den Ausnahmefall betrifft.

3.3 Doppelspeicherung in einer getrennten Datenbasis

Als weitere Lösung bietet sich zunächst an, die Normenkomplexe (bzw. nur ihre Deskriptoren) in einer getrennten Datenbasis zu speichern. Diese Möglichkeit scheitert jedoch praktisch daran, daß der Übergang zu einer anderen Datenbasis bei allen drei Systemen nicht einfach genug ist und daß der Benutzer, wenn er nicht besondere Maßnahmen zur Sicherung ergreift, die bisherigen Ergebnisse des Dialogs verliert.

3.4 Zusatzprogrammierung

Eine völlig andersartige Lösung erfordert eine im allgemeinen beträchtliche Zusatzprogrammierung und in den Fällen, in denen tatsächlich auf Normenkomplexebene gesucht wird, eine nicht vernachlässigbare Erhöhung des CPU-Aufwandes und auch der Speicherzugriffe.

Das Prinzip der Verarbeitung ist folgendes: Zunächst werden für die Suche auf Normenkomplexebene alle Deskriptoren intern mit ODER verknüpft. Es werden Einzelnormen gefunden; bei diesen wird festgestellt (über Tabellen oder über in den Einzelnormen gespeicherte Angaben), zu welchem Normenkomplex sie gehören. Auf diese Weise wird dynamisch (während der Suche) statt statisch (schon bei der Einspeicherung wie in den Abschnitten 3.1 bis 3.3) die Zuordnung der Suchdeskriptoren zu den Normenkomplexen hergestellt; auf die Normenkomplexe wird dann die vom Benutzer gewünschte Suchlogik angewandt. Als gefunden werden schließlich alle Einzelnormen angezeigt, die mindestens einen der Suchdeskriptoren enthalten und für die der Normenkomplex die Suchlogik erfüllt (mit gewissen Abwandlungen bei Verwendung des Operators UND NICHT).

Ein solches Konzept scheint bei einer in den USA durchgeführten internen Erweiterung von STAIRS (dort durch einen Operator SPAN) verwirklicht zu sein. Die Zusammengehörigkeit von Dokumentationseinheiten (hier: Einzelnormen) wird demnach durch einen hierarchischen Aufbau des Dokumentenschlüssels angezeigt (ähnlich wie bei TELDOK), der in der Text-Index-Datei gespeichert ist. Weitere Einzelheiten sind jedoch nicht bekannt.

4. Suche mit Datumsangaben

Bei der Suche findet der Benutzer zunächst alle Fassungen einer Einzelnorm, die die Suchbedingung erfüllen. Eine Einschränkung auf die zu einem festen Zeitpunkt gültigen Einzelnormen ist bei allen drei Systemen möglich durch Suchfragen der Art "Gültigkeitsbeginn $\leq$ Datum UND Gültigkeitsende $\geq$ Datum". Der Benutzer muß dabei das betreffende Datum zweimal eingeben (die ebenfalls vorhandenen Operatoren ZWISCHEN vergleichen zwei Benutzerangaben mit einem gespeicherten Wert; hier sind aber zwei gespeicherte Werte mit einer Benutzerangabe zu vergleichen). Diese Unschönheit müßte sich jedoch bei allen drei Systemen durch eine vertretbare Zusatzprogrammierung beseitigen lassen. Bei GOLEM bietet sich dazu der Multi-User-Exit (MUE) an, bei STAIRS/VS der zweite der drei dort vorhandenen Exits.

Ebenso müßte sich durch eine Zusatzprogrammierung erreichen lassen, daß der Benutzer, wenn er nicht ausdrücklich etwas anderes verlangt, nur die noch gültigen Fassungen erhält.

Bei der Anzeige der Vorkommenshäufigkeit jedes Deskriptors in der Datenbank wird jedoch jede Fassung, in der dieser Deskriptor vorkommt, mitgezählt. Dies läßt sich wohl nur dadurch verhindern, daß man in die normale Datenbasis nur die geltende Fassung und in eine besondere Datenbasis alle Fassungen (einschließlich der geltenden, sofern nicht eine Kopplung von Datenbasen wie bei STAIRS möglich ist) aufnimmt mit dem gleichen Nachteil wie bei Abschnitt 3.3.

5. Anzeige früherer oder späterer Fassungen

Die Anzeige früherer oder späterer Fassungen ist im Prinzip dadurch möglich, daß der inzwischen bekannte Name der Einzelnorm (Name des Normenkomplexes und Nummer der Einzelnorm) als neue Suchanfrage eingegeben wird und die sich qualifizierenden Dokumentationseinheiten nach dem Datum des Geltungsbeginn sortiert werden. In dieser sortierten Folge muß der Benutzer die Fassung, von der er ausgegangen war, erneut aufsuchen; davor bzw. dahinter findet er dann die zeitlich vorangehende bzw. nachfolgende Fassung. (Bei GOLEM und TELDOK sind die Sortierbefehle in der Herstellerbeschreibung nicht enthalten, inzwischen aber vorhanden). In der geschilderten Weise ist dieses Verfahren zu umständlich anzuwenden; es müßte sich jedoch mit vertretbarer Zusatzprogrammierung automatisieren lassen.

6. Anzeige der im Textzusammenhang vorangehenden oder nachfolgenden Einzelnorm

6.1 Sortierverfahren

Ähnlich wie in Abschnitt 5 ist im Prinzip das folgende Verfahren möglich. In einer neuen Suchanfrage gibt der Benutzer den inzwischen bekannten Namen des Normenkomplexes ein; im nächsten Schritt reduziert er (gemäß Abschnitt 4) die Menge der gefundenen Einzelnormen auf die zum gewünschten Datum gültigen. Diese werden sodann aufsteigend sortiert, wobei sichergestellt werden muß, daß Einzelnormen mit alphanumerischen Bezeichnungen (z.B. § 7b) richtig eingeordnet werden. In einem Probierverfahren sucht sich der Benutzer die Einzelnorm, von der er ausgegangen war (wegen entfallener oder nachträglich eingeschobener Einzelnormen braucht der Paragraph Nr. P in der Sortierreihenfolge nicht die P-te Dokumentationseinheit zu sein); von dort aus findet er die im Textzusammenhang vorangehende oder nachfolgende Einzelnorm.

Dieses Verfahren müßte sich (vorteilhafterweise gemeinsam mit dem aus Abschnitt 5) mit vertretbarem Programmieraufwand automatisieren lassen. Der Rechneraufwand (Durchsuche aller Fassungen aller Einzelnormen auf solche, die im angegebenen Zeitpunkt gültig sind; Sortierung dieser Einzelnormen) wird dadurch jedoch nicht wesentlich verringert. Dieser Aufwand bei der Abfrage kann reduziert werden, wenn man beim Datenbankaufbau dafür sorgt, daß die Dokumentationseinheiten desselben Normenkomplexes in der richtigen Reihenfolge (nach der Nummer der Einzelnorm und innerhalb dieser nach Gültigkeitsdatum sortiert) physisch aufeinander folgend abgespeichert werden; dies bedingt jedoch einen (möglicherweise erheblichen) maschinellen Mehraufwand bei Ergänzungen der Datenbasis.

6.2 Verknüpfung mit Zeigern

Eine andere Möglichkeit besteht darin, jede Einzelnorm durch Zeiger (Pointer) mit der textlich vorangehenden und der nachfolgenden zu verketten (textueller Zeiger). Dieses Verfahren läßt sich sofort auf die zeitliche Reihenfolge (vorangehende und nachfolgende Fassung) erweitern (zeitlicher Zeiger). Ein weiterer Zeiger sollte, wenn man schon mit diesem Mittel arbeitet, von der Einzelnorm auf den Normenkomplexrahmen weisen.

Da auf eine Einzelnorm zahlreiche Fassungen verschiedener Einzelnormen folgen können, müßten die textuellen Zeiger intern durch Angabe eines Zeitraumes qualifiziert werden; auch ließe sich die Anzahl der Zeiger nicht vorhersagen. Deshalb ist es vorteilhafter, jeweils nur einen (textuellen) Zeiger auf eine einzige Fassung der vorangehenden bzw. nachfolgenden Einzelnorm zu setzen und dann bei Bedarf mittels der zeitlichen Zeiger, die die verschiedenen Fassungen der Einzelnorm verknüpfen, fortzuschreiten (Unterlistentechnik). Im Falle von Einfügungen oder Aufhebungen einer Einzelnorm kann ein nochmaliges Weiterschreiten zur nächsten Einzelnorm (ggf. auch mehrfach) notwendig werden. Einige Möglichkeiten der textuellen Verknüpfung sind:

a) Nur die jeweils ältesten Fassungen der Einzelnormen werden textuell verknüpft.
b) Nur die jeweils jüngsten Fassungen der Einzelnormen werden textuell verknüpft.
c) Jede Fassung einer Einzelnorm erhält einen textuellen Zeiger auf die älteste, während ihres Gültigkeitszeitraumes gültige Fassung der im Textzusammenhang ersten Einzelnorm, die während des gesamten Zeitraums auf sie folgt; entsprechend für die vorangehende Einzelnorm.

Diese drei Möglichkeiten unterscheiden sich in der Zahl der Änderungen, die bei Änderungen einer Einzelnorm vorgenommen werden müssen, und in der Zahl der Schritte, die zum Auffinden der gesuchten Einzelnorm durchlaufen werden müssen. Beispielsweise sind bei a) nur bei Einfügung einer Einzelnorm Änderungen nötig (abgesehen vom nachzutragenden zeitlichen Zeiger einer jüngeren Fassung der gleichen Einzelnorm, was in jedem Fall erforderlich ist); dafür ist die Zahl der zu durchlaufenden Schritte im besonders wichtigen Falle der gegenwärtig gültigen Fassung besonders groß.

Als Zeiger kommen nur Merkmale infrage, die ein Dokument eindeutig kennzeichnen. Hierzu würde vor allem die interne DE-Nummer zählen, doch kann diese nicht unmittelbar zum Retrieval herangezogen werden. Ebenso wird man das Aufsuchen des vorangehenden oder nachfolgenden Dokuments automatisieren wollen, sodaß die Realisierung der Zeigerverknüpfung in jedem Falle Zusatzprogrammierung erfordert. Bei TELDOK ist sie großenteils in der ohnehin geplanten semantischen Verknüpfung von Dokumenten bereits enthalten.

Die Zeiger können vorteilhaft im fest formatierten Teil einer Dokumentationseinheit, sofern vorhanden (Text-Index-Datei bei STAIRS, Dokumentsatz bei TELDOK) gespeichert werden.

6.3 Verknüpfung über den Thesaurus

Das Prinzip der Zeigerverknüpfung kann mit den Hilfsmitteln eines Thesaurus realisiert werden, soweit dieser vorhanden ist (GOLEM, TELDOK). Dazu ist es erforderlich, daß die Dokumentnummer jeder Dokumentationseinheit in den Thesaurus aufgenommen wird; dieser kann dadurch erheblich aufgebläht werden (jede Fassung jeder Einzelnorm ist eine DBE!).

Von den frei wählbaren Thesaurusverknüpfungen ist dann je eine zu reservieren für

- zeitlich vorangehende Einzelnorm,
- zeitlich nachfolgende Einzelnorm,
- im Textzusammenhang vorangehende Einzelnorm,
- im Textzusammenhang nachfolgende Einzelnorm;

nützlich kann ferner die Verknüpfung

- zugehöriger Normenkomplexrahmen

sein, evtl. auch die Umkehrung

- zugehörige Einzelnorm.

Die Zusammenhänge zwischen den Dokumentationseinheiten werden also als Verknüpfungen zwischen den Dokumentnummern im Thesaurus realisiert.

Wie die anderen Verfahren der Abschnitte 5 und 6 erleichtert bzw. ermöglicht auch dieses nur die Anzeige, nicht die Suche auf Normenkomplex-Ebene.

6.4 Teildokumente

Das bei TELDOK implementierte Konzept der Teildokumente erleichtert im Prinzip die Anzeige zusammengehöriger Dokumentationseinheiten. Der Dokumentschlüssel ist hierarchisch aufgebaut (bei Bedarf mehrstufig, z.B. Normenkomplex - Einzelnorm - Absatz); durch einen besonderen Befehl(TEILDOK) kann man sich automatisch bestimmte oder alle "Teildokumente" zusammen mit dem bei der Suche gefundenen Dokument anzeigen lassen.

Um eine Suche auf den einzelnen hierarchischen Ebenen durchführen zu können, müssen jedoch alle Deskriptoren eines Teildokumentes auch den(Teil-) Dokumenten der höheren Ebenen zugeordnet werden, wie es in den Abschnitten 3.1 und 3.2 beschrieben wurde.

7. Allgemeines zur Zusatzprogrammierung

Die genannen Zusatzprogrammierungen lassen sich dort leicht realisieren, wo besondere Schnittstellen für Zusatzprogramme vorgesehen sind (Multi User Exit MUE bei GOLEM; FAIR arbeitet bei STAIRS nach dem gleichen Prinzip). Die Zusatzprogramme rufen dann gewisse Funktionen des Retrieval-Systems auf in ähnlicher Weise, wie dies sonst der Anwender von der Datenstation aus tut. Allerdings ist zu befürchten, daß manche Zusatzprogramme reichlich komplex ausfallen, z.B. solche für eine Zeigerverknüpfung. Deshalb und ebenso aus Effizienzgründen kann es sinnvoller sein, in das Retrieval-System selbst einzugreifen. Dies ist besonders auch für Abschnitt 3.4 zu erwarten, um die im Retrieval-System bereits vorhandenen Programmteile für die logische Verknüpfung von Dokumentlisten auszunutzen.

Ein Teil der Zusatzprogrammierung setzt außerdem spezielle Konventionen darüber voraus, wo gewisse Angaben gespeichert werden (z.B. Geltungsbeginn und -ende, Zeiger); insofern kann dann nicht mehr jede Datenbasis, die unter dem ursprünglichen System funktioniert, in das abgeänderte System übernommen werden (Inkompatibilität).

M ö g l i c h k e i t e n u n d G r e n z e n e r w e i t e r t e r j u r i s t i s c h e r I n f o r m a t i o n s s y s t e m e

Dr. Richard Franzen

Übersicht Seite

Zusammenfassung

Das Aufgaben- und Methodenspetrum eines erweiterten juristischen Informationssystems wird diskutiert. An Hand konkreter Anwendungsbeispiele werden die einzelnen Systembausteine definiert und gegeneinander abgegrenzt. Für das erweiterte System wird ein formales Gliederungsschema angegeben, das auf einer Einteilung der dem System zugrunde liegenden Datenbasis in Texte (wenig vorinterpretierte Daten) beruht.

Es wird die Meinung vertreten, daß es nicht möglich ist, ein solches System als ganzes zu realisieren. Vielmehr sollte man sich bei der Implementierung auf überschaubare Teilbereiche beschränken.

Summary

The various objectives and characteristics of a generalised legal information system are discussed. System components are defined in relation to examples of specific applications. A formal schema is given for the generalised system which reflects the subdivision of the data into text (unformatted data) and jurimetrical data (Rechtstatsachen) (formatted data). It is suggested that it would be impossible to implement such a system as a whole. The system should be divided into parts to be implemented separately.

1. Beispiel für Problembereiche eines erweiterten juristischen Informationssystems

Bevor der Versuch unternommen wird, für ein erweitertes juristisches Informationssystem ein Gliederungsschema anzugeben, sollen zunächst einige Beispiele die Vielfalt des möglichen Aufgabenspektrums eines solchen Systems zeigen. Einige Beispiele stammen aus dem Bereich des Steuerrechts und zeigen, welcher Aufwand getrieben werden müßte, um nur in einem Rechtsgebiet ein existierendes Dokumentationssystem (vgl. das Teilprojekt Steuerrecht im Projekt JURIS) zu einem erweiterten Informationssystem auszubauen.Diese Beispiele sind Fragen, die ein Benutzer in der entsprechenden Syntax an das System stellen könnte und die über das übliche Dokumentretrieval hinausgehen.

Welche Auswirkungen hat bzw. wird ein geplantes Steuergesetz auf den Konjunkturverlauf haben?

Wieviele Prozesse kommen wahrscheinlich auf die Gerichte zu, wenn ein bestimmtes Gesetz verabschiedet wird?

Wie groß sind die finanziellen Auswirkungen des Gesetzes bei Bund, Ländern und Gemeinden?

Wie ändert sich die Umweltbelastung, wenn im Steuerrecht die Gewässerabgabenordnung geändert wird?

Wie sind die Auswirkungen des Gesetzes auf die durchschnittliche Bearbeitungsdauer der Einkommenssteuererklärung bei den Finanzbehören?

Welche gesellschaftlichen Gruppen waren an der Beratung des Gesetzes beteiligt?

Wurden positive oder negative Stellungnahmen abgegeben?

Welche sozialen Schichten sind besonders vom Gesetz betroffen?

Wie groß ist der Mehrbedarf an Personal zur Durchführung und Überwachung eines neuen Gesetzes?

Welche Steuersätze sollen in einem neuen Gesetz unter bestimmten gesellschaftspolitischen Zielvorstellungen als optimal festgelegt werden?
(Quantitative Optimierung für die Gesetzesplanung)

Welche einschlägigen Gesetze muß ein Steuerberater bei einem konkreten Fall heranziehen (Subsumtionsprozess)?

Nach dieser bewußt ungeordneten Aufzählung von Einzelfällen aus den verschiedensten Problembereichen sollen im folgenden Versuche zur Strukturierung und Gliederung in formaler, methodischer und inhaltlicher Hinsicht unternommen werden.

2. Versuch einer formalen Gliederung für ein erweitertes juristisches Informationssystem

Die dem erweiterten juristischen Informationssystem zugrunde liegende Datenbasis wird (vgl. [JURIS 1972], S. 33) unterteilt in wenig vorinterpretierte Daten und stark vorinterpretierte Daten. In der Praxis entspricht diese Unterscheidung meist der Einteilung in nicht-formatierte und formatierte Daten. Die wenig vorinterpretierten Daten sind Dokumente : Gesetze, Entscheidungen und juristische Veröffentlichungen (Literatur). Die stark vorinterpretierten Daten sollen hier als Rechtstatsachen bezeichnet werden. Darunter sollen alle quantifizierbaren Größen verstanden werden, die den "Umweltbereich" einer gesetzlichen Regelung beschreiben und "sensitiv" gegenüber Änderungen der Regelung sind. Weiter sollen Aussagen über Relationen zwischen den Dokumenten aus formalen Gründen ebenfalls den Rechtstatsachen zugerechnet werden, da solche Aussagen nur durch Vorinterpretation der Dokumente gewonnen werden können und nicht durch einfache Wortvergleiche in den

Dokumenten selbst. Diese Daten werden für eine automatisierte Strukturanalyse der Dokumente benötigt.
Die Rechtstatsachen können nun in drei Klassen eingeteilt werden:

1. Daten, die aus dem Dokument, also z.B. aus dem Gesetz in der Originalfassung, direkt zu entnehmen sind; z.B. Datum des Inkrafttretens, Verweise zu oder auf andere Gesetze;
2. Daten, die nicht aus dem Dokument selbst, jedoch direkt aus anderen Quellen erhoben werden können; z.B. aus der Justizstatistik, wenn als ausgewähltes Rechtsgebiet alle verfahrensrechtlichen Regelungen erfaßt werden; Sozialdaten beim Rechtskomplex der Resozialisierung; bei der Steuergesetzgebung die Angaben von den statistischen Landesämtern.
3. Daten, die weder aus den Dokumenten selbst, noch direkt aus anderen Quellen erhältlich sind, sondern nur durch spezielle Algorithmen, Modellrechnungen, Simulationen usw. gewonnen werden können; z.B. die finanziellen Auswirkungen einzelner Gesetze im Bereich des Steuerrechts.

Entsprechend der Terminologie in [JURIS 1972, S. 33] wollen wir das hier diskutierte "erweiterte juristische Informationssystem" in folgende z.T. voneinander unabhängige Teilsysteme aufteilen:

1. das Dokumentationssystem,
2. das Frage-Antwort-System,
3. das Fakten-Retrieval-System,
4. das problemlösende System.

Das Dokumentationssystem benutzt als Datenbasis nur die Dokumente; das Fakten-Retrieval- und das problemlösende System nur die Rechtstatsachen, während das Frage-Antwort-System sowohl auf die Dokumente als auch auf den Teil der Rechtstatsachen zurückgreift, der Daten über die Relationen zwischen den Dokumenten enthält. Diesen Zusammenhang zwischen den Komponenten der Datenbasis und der zugehörigen Datenbanksoftware soll folgendes Diagramm aufzeigen. Dabei bedeutet ein "→" die Aufteilung des erweiterten Systems in einzelne Komponenten; "⇒" bzw. "⇔" bedeutet ein Abrufen bzw. ein Abrufen und Speichern von Daten.

<u>erweitertes juristisches Informationssystem</u>

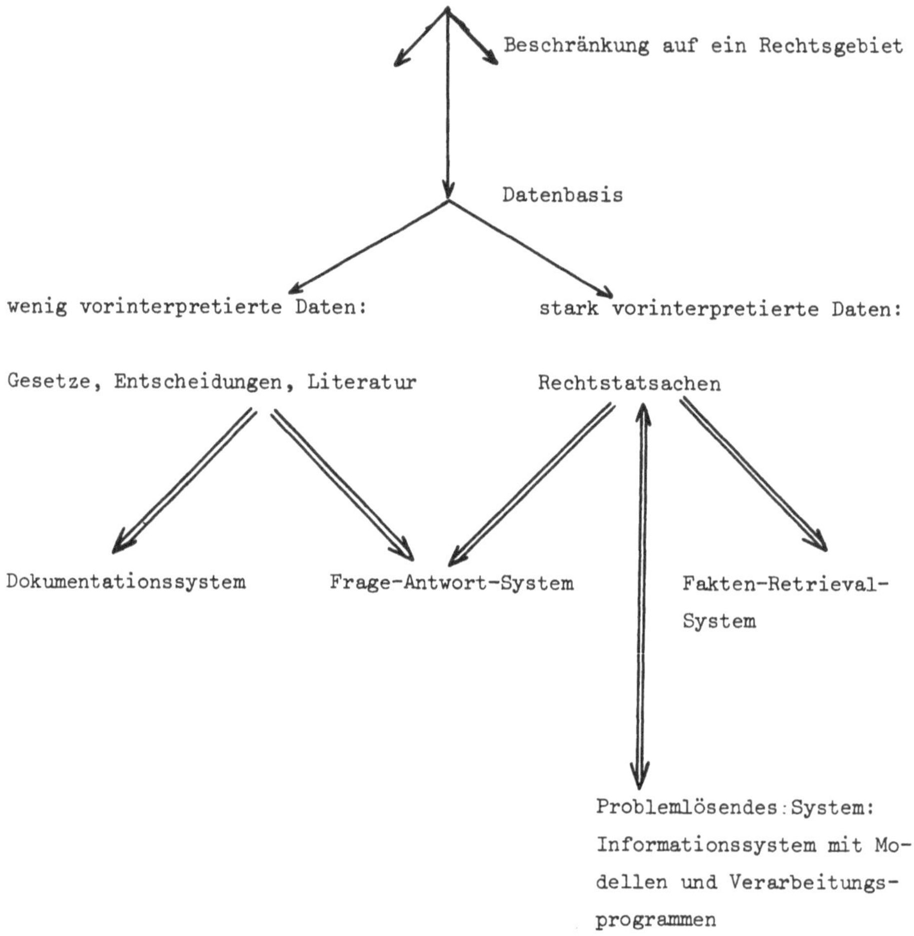

Im folgenden sollen einige typische Aufgaben der oben angegebenen Modellkomponenten näher beschrieben werden. Da an vielen Stellen im vorliegenden Band ausführlich auf die Rolle der Dokumentationssysteme eingegangen wird, sollen hier nur die anderen Systemkomponenten erwähnt werden.

Die Rolle eines Frage-Antwort-Systems im Zusammenhang mit einem problemlösenden System kann so definiert werden, daß mit Hilfe des Frage-Antwort-Systems die für eine Modellkonstruktion relevanten Fakten und Relationen aus dem zugrunde liegenden Gesetzesmaterial automatisch herausgezogen werden, ohne daß der Modellbauer in jedem Fall alle möglicherweise relevanten Dokumente einer Analyse unterziehen muß. Es handelt sich also dabei um eine automatisierte Strukturanalyse der Dokumente sowohl in formaler, wie auch in inhaltlicher Hinsicht (vgl. [Reisinger 1972]).

Die Frage-Antwort-Systeme können sowohl für die "individuelle" Problemlösung (Hilfe beim Subsumtionsprozeß) als auch für die "gesellschaftliche" Problemlösung (politische Planung, Gesetzesplanung) verwandt werden. Für die Gesetzesplanung könnte z.B. mit Hilfe eines Frage-Antwort-Systems ermittelt werden, welche Gesetze bei einer Gesetzesveränderung ebenfalls geändert werden müssen (automatisierte Analyse der Verweisungsstruktur zwischen den Gesetzen); für eine solche Aufgabe genügt der mit einem Dokumentationssystem zu erzielende Genauigkeitsgrad nicht (vgl. 5. Beitrag, (Gebhardt)).

Außer der oben beschriebenen formalen Dreiteilung der Rechtstatsachen können diese in Individualdaten und aggregierte Daten unterteilt werden. Aus Gründen des Datenschutzes wird man unter Umständen bestimmte Daten nicht speichern, sondern diese jeweils zusammen mit der an das System zu stellenden Frage als Zusatzparameter eingeben (Trennung von Methodenbank und Datenbank). Ein Beispiel für eine solche Frage aus dem Bereich des Steuerrechts, die von einem Frage-Antwort- oder einem Fakten-Retrieval-System gelöst werden könnte, wäre: welche Personen bzw. gesellschaftliche Gruppen sind von einer geplanten Novellierung des Steuerrechts betroffen?

Vereinfacht gesagt sind problemlösende Systeme Fakten-Retrieval-Systeme mit speziellen "Anwendungsprogrammen". Der Ausdruck problemlösendes System sollte in dieser Richtung enger gefaßt werden; denn auch mit der Herausgabe eines relevanten Dokuments bzw. einer Datenmenge kann das Problem des Benutzers gelöst sein. Ein Beispiel für ein problemlösendes System im oben definierten Sinne ist das Informationssystem IMS. Das Fakten-Retrieval läuft im Dialog ab, die Anwendungsprogramme im Batch-Betrieb. Die als Ergebnis der Anwendungsprogrammierung (Modellrechnung) gewonnenen Daten werden gespeichert und können bei Bedarf im Dialog wieder abgerufen werden.

Das oben angegebene Schema eines erweiterten juristischen Informationssystems ist weder das einzig mögliche, noch ist es als konkreter Rohentwurf eines solchen Systems anzusehen. Es soll nur dazu anregen, zunächst aus systemanalytischer Sicht ohne eine Festlegung auf eine bestimmte DV-Implementierung eine Gliederung in formaler und inhaltlicher Hinsicht der für ein erweitertes System erforderlichen Bausteine vorzunehmen. Erst wenn man die dem Dokumentationssystem "eigentlich" zugrunde liegende Zielvorstellung (z.B. Rechtssicherheit) vor Auge hat, kann man auf Grund von Kosten-Nutzen-Überlegungen entscheiden, welche Systemkomponente konkret implementiert werden sollte.

3. Einige inhaltliche Aspekte der formalen Gliederung

An dieser Stelle sollen einige Bemerkungen darüber gemacht werden, für welche Problembereiche die einzelnen Datenkategorien Verwendung finden. Grundsätzlich kann unterschieden werden, ob das Informationssystem bzw. die jeweilige Komponente für die "individuelle Problemlösung" oder die staatliche Gesetzesplanung im sozioökonomischen Bereich verwandt wird. Bei einem individuellen Problemlösungsprozeß, also z.B. bei der Zuordnung eines "Falles" zu den einschlägigen Gesetzen (Subsumtionsprozeß), werden die Gesetze als gegeben und unbeeinflußbar angesehen, während bei der Gesetzesplanung diese erst auf Grund der prognostizierten Auswirkungen im gesellschaftlichen Bereich festgelegt bzw. verändert werden. Für die Gesetzesplanung wird insbesondere die dritte Kategorie der Rechtstatsachen benötigt. Diese Daten, die als Ergebnisse von Modellrechnungen gewonnen werden, sind i.a. aggregierte Daten und keine Individualdaten. Dokumentationssysteme leisten insbesondere eine Hilfestellung beim Subsumtionsprozeß eines "individuellen Falles". Andererseits werden Dokumentationssysteme auch in der Gesetzesplanung Verwendung finden. Die Struktur der Modelle wird wesentlich beeinflußt durch die inhaltlichen Aussagen der für das betreffende Rechtsgebiet relevanten Gesetze. Das Modell, das quantitative Aussagen über die Auswirkungen alternativer gesetzlicher Maßnahmen machen soll, wird konstruiert unter Berücksichtigung der gesetzlichen Bestimmungen. Selbstverständlich gehen in das Modell i.a. eine Vielzahl von Annahmen über die kausalen Zusammenhänge zwischen den im Modell erfaßten Größen ein, die im Gesetz nicht explizit erwähnt werden. An dieser Stelle sieht man den engen Zusammenhang eines problemlösenden Systems (eines Informationssystems mit Modellrechnungen) mit einem Dokumentationssystem.

4. Folgerungen für EDV-unterstützte juristische Informationssysteme

Der Aufwand für ein erweitertes juristisches Informationssystem ist in vieler Hinsicht ungleich größer als für ein Dokumentationssystem. Bei der versuchsweisen Realisierung erweiterter System-Komponenten sollte man sich daher auf überschaubare Bereiche, z.B. ein Rechtsgebiet, beschränken.

Ein solches System sollte zunächst aus weitgehend von einander unabhängigen Teilsystemen aufgebaut werden. Dies ist nötig, da es - man vergleiche die Beispielsammlung in 1. - zu viele bzw. nicht genau definierte Benutzerleitbilder gibt. Es sollte daher nur für ein genau definiertes Ziel eine bestimmte abgrenzbare Komponente des erweiterten Systems mit der entsprechenden Datenbasis implementiert werden, wobei jedoch eine möglichst große Kompatibilität zwischen gleichzeitig oder später zu implementierenden Komponenten angestrebt werden muß (Problematik der "Schnittstellen" zwischen verschiedenen Systemkomponenten). Die in 1. angegebene Vierteilung (Dokumentationssystem, Frage-Antwort-System, Fakten-Retrieval-System, problemlösendes System) könnte als erste Grobunterteilung zur Identifizierung der einzelnen Systembausteine dienen. Theoretisch könnte man auch die vier Teilsysteme in aufsteigender Reihenfolge als ineinander enthalten ansehen, wenn jedes System "mehr kann als das nächste in der Reihenfolge". Im Hinblick auf die hier und im Beitrag 1, Abschnitt 6.1.3 angesprochene Problematik würde die Realisierung eines umfassenden integrierten Systems zunächst auf unüberwindbare Schwierigkeiten stoßen.

Literatur

[ADEK 1972]
ADEK, Allgemeiner Datenerhebungskatalog für die Dokumentation in der Bundesverwaltung. Bundesministerium des Innern (Hrsg.), 29. März 1972, 124 S.

[Belkin 1972]
Belkin, J., Blumstein, A.; Glass,W. JUSSIM, An Interactive Computer Program for Analysis of Criminal Justice Systems. Carnegie-Mellon University, 1972.

[Berger 1971]
Berger, Albrecht. Die Erschließung von Verweisungen bei der Gesetzesdokumentation. Verlag Dokumentation, Pullach 1971, ISBN 3-7940-3453-8, 240 S.

[Boyd 1972]
Boyd, E.William. Law in Computers and Computers in Law: A Lawyer's View of the State of the Art. Arizona Law Review, Vol.14, No.2, 1972, S. 267-311.

[Brinckmann 1972]
Brinckmann, Hans. Juristische Fachsprache und Umgangssprache. ÖVD 1972, S. 60.

[Bühnemann 1971]
Bühnemann, Bernt. Die Stellung der Rechts- und Staatswissenschaftlichen Verlage zu und im Rahmen eines Informationsbankensystems. In: "Das Informationsbankensystem", Bd.2, Carl Heymanns Verlag, Köln 1971, S. 157.

[BVerfGE]
Entscheidungen des Bundesverfassungsgerichts. Herausgegeben von den Mitgliedern des Bundesverfassungsgerichts. Tübingen: Mohr. Band 1- (1952-).

[Cleverdon 1966a]
Cleverdon, Cyril; Mills, Jack; Keen, Michael. Factors determining the performance of indexing systems. Volume 1, Design. ASLIB Cranfield Research Projekt, Cranfield, 1966.

[Cleverdon 1966b]
Cleverdon, Cyril; Keen, Michael. Factors determining the performance of indexing systems. Volume 2. ASLIB Cranfield Research Projekt, Cranfield, 1966.

[Compulex 1972]
Operation Compulex - Information Needs of the Practicing Lawyer. Department of Justice, Kanada, 1972.

[Cuadra 1971]
Annual Review of Information Science and Technology. Vol.6, 1971. Edited by Carlos A.Cuadra and Ann W. Luke. Chicago: Encyclopaedia Britannica, 1971.

[Dammann 1971]
Dammann, Ulrich. Juristische Dokumentationssysteme und Rechtsentwicklung. ZRP 1971, S. 287-291.

[Dammann 1972]
Dammann, Ulrich. Zum Vorschlag eines "Informationsbankensystems". DVR Bd. 1, 1972, S. 209-236.

[Dammann 1974]
Dammann, Ulrich; Mallmann, Otto. Stand der automatisierten Rechtsdokumentation. Online 12 (1974) S. 634,639-641.

[Fabry 1973a]
Fabry, Josef. Developing a legal information system for the Federal Republic of Germany. Law and Computer Technology 6 (1973) 125-134.

[Fabry 1973b]
Fabry, Josef. Das Juristische Informationssystem des Bundes. DSWR Heft 25 (1973) 298-305.

[Fiedler 1968]
Fiedler, Herbert. Perspektiven juristischer Dokumentation, Forschung und Textbearbeitung mit Elektronenrechnern. NJW 1968, S. 273-278.

[Fiedler 1972]
Fiedler, Herbert. Konstruktive und kritische Beiträge der Juristischen Informatik. In: Jahrbuch für Rechtssoziologie und Rechtstheorie Bd.2, Bertelsmann Universitätsverlag, Düsseldorf 1972, S. 361-371.

[Fiedler 1973]
Fiedler, Herbert. Perspektiven juristischer Informationssysteme. ÖVD 1973, S.443.

[Gerich 1971]
Gerich, Kurt. Eine Betrachtung der System-Design-Verfahren für Realzeitsysteme. IBM-Nachrichten 21 (1971), S. 661-666.

[Gerich 1972]
Gerich, Kurt. Die Notwendigkeit besonderer Methoden für System Design und Systemplanung. IBM-Nachrichten 22 (1972), S. 338-342.

[Goose 1973]
Goose, Dieter. Urheberrechtsliche Hindernisse für Datenbanken? ÖVD 1973, S. 309.

[Goose 1974]
Goose, Dieter. Die urheberrechtsliche Bearbeitung von elektronischen und Mikrofilm-Datenbanken. Diss. jur. Münster 1974.

[Harter 1971]
Harter, Stephen P. The Cranfield II relevance assessments: a critical evaluation. Library Quarterly 41 (1971) 229-243.

[Harvold 1973]
Bing, Jon; Harvold, Trygve. Legal Sources and Information Systems. Oslo 1973, 100 S. Insbesondere: Kap. 2.3 (T.Harvold).

[Hasselkuss 1972]
Hasselkuss, Andrea; Kaminski, Claus-Jürgen. Sozialdaten in einem Informationssystem für den Rechtsanwender. DVR Bd.1, 1972, S. 237-256.

[Hermann 1972]
Hermann, W. STAIRS - ein Programmsystem für die maschinelle Dokumentation. Nachr. Dokumentation 23 (1972) 12-16.

[IBM 1973]
IBM. STAIRS-Handbuch, Teil A: Funktionen und Möglichkeiten. IBM-Form E12-1189, 1973, 102 S.

[IBM 1974]
IBM Storage and Information Retrieval System/ Virtual Storage (STAIRS/VS). General Information. IBM-Form GH12-5114, Februar 1974, 41 S.

[Jahn 1973]
Jahn,Gerhard. Auf dem Weg zur bürgernahen Rechtsordnung. DVR Bd.2, 1973, S. 129-137.

[Jungjohann 1974]
Jungjohann, Knut; Seidel, Ulrich; Soergel, Werner; Uhlig, Sigmar. Informationsverhalten und Informationsbedarf von Juristen. Eine Erhebung von Infratestsozialforschung, München, im Auftrag des Bundesministers der Justiz und der Gesellschaft für Mathematik und Datenverarbeitung. Teil 1: Analyse-Band. Berlin: Schweitzer, 1974, 146 S.(=Datenverarbeitung im Recht (DVR) Beiheft 2).

[Juris 1972]
Das Juristische Informationssystem - Analyse, Planung, Vorschläge. Bericht der Projektgruppe BMJ

/GMD/C-E-I-R. Bundesministerium der Justiz (Hrsg.). Müller, Karlsruhe 1972, ISBN 3-788o1513-6. 487 S.

[Katzenberger 1974]
Katzenberger, Paul. Urheberrecht und Dokumentation. DVR Bd.2, 1974, S. 309.

[Kay 1971]
Kay, Martin and Karen Sparck Jones. Automated Language Processing. In: [Cuadra 1971], S. 141-166.

[Kellog 1968]
A Natural Language Computer for On-line Data Management. In: Fall Joint Computer Conference, 1968, S. 473-492.

[Koeppe 1973]
Koeppe, P.; Schäfer, P.; Treichel, J. ORVID - Bericht über das Ende der Routine-Anwendung des Systems oder The importance of calling a failure a failure. 18. Jahrestagung der Deutschen Gesellschaft für Medizinische Dokumentation und Statistik, Bielefeld, 30.9.-3.10.1973.

[Kofler 1973]
Kofler, Rudolf. Die formale Erfassung der Daten im EDV-Versuchsprojekt Verfassungsrecht. In: Lang, Friedrich; Bock, Friedrich. Wiener Beiträge zur elektronischen Erschliessung der Information im Recht. IBM Österreich, Wien 1973, S. 159-185.

[Kolle 1974]
Kolle, Gert. Urheberrechtliche Probleme der Dokumentation und Information. Vortrag auf dem Deutschen Dokumentartag 1974 Bonn-Bad Godesberg, 8.10.1974.

[Kontos 1971]
Kontos, J.; Kossidas, A. On the Question Answering System DELFI and its Application. Paper Presented at AGARD Technical Symposium on "Artifical Intelligence" Rome, May 1971, S. 13.

[Krämer 1973]
Krämer, H.Georg. Text Retrievalsystem /1, vorläufige Beschreibung. Gesellschaft für Mathematik und Datenverarbeitung, Institut für DV im Rechtswesen, Dezember 1973, 48 S.

[Krevitt 1972]
Krevitt, Beth; Griffith, Belver C. A comparison of several Zipf-type distributions in their goodness of fit to language data. J.Amer. Soc. Inform. Sc. 23 (1972) 220 - 221.

[Laisiepen 1972]
Laisiepen, Klaus; Lutterbeck, Ernst; Meyer-Uhlenried, Karl-Heinrich. Grundlagen der praktischen Information und Dokumentation. Verlag Dokumentation, Pullach 1972, ISBN 3-7940-3600-X, 652 S.

[Lechmann 1971]
Lechmann, Heinz. Bundesförderungsprogramm Information und Dokumentation. In: Dokumentation und Information, Hersg. von E. Lutterbeck, Umschau-Verlag, Frankfurt/Main 1971, 259 S.

[Lockemann 1974]
Lockemann, P.C. Informationssysteme. Vorlesungsmanuskript Universität Karlsruhe Fakultät für Informatik, September 1974.

[Mancini 1974]
omancini, R.J. Performance analysis for the Skylab terminal system. IBM-Systems Journal 13,1974, 95-114.

[Menne 1973]
Menne, Heinz. Die Funktion von Sozialdaten im Juristischen Informationssystem für die Rechtsprechung. DVR Bd.1, 1973, S. 306.

[Minker 1973]
Minker, Jack; Peltola, Eero; Wilson, Gerald A. Document retrieval experiments using cluster analysis. J.Amer.Soc.Inform.Sc. (1973) 24, 246-260.

[Minsky 1968]
Minsky, M. (Ed.). Semantic information processing Cambridge, Mass.: M.I.T.Press, 1968, 438 S.

[Montgomery 1972]
Montgomery, Christine A. Linguistics and Information Science. Journal of the ASIS (1972), S. 195-219.

[Müller 1973]
Müller, Bernd S. Untersuchungen zum Inhaltserschließungssystem TELDEX. Konstanz: TELEFUNKEN Computer, 1973 (=Bericht zur Anwendungsentwicklung 3), 108 S.

[Nievergelt 1972]
Nievergelt, J.; Farrar J.C. What Machines Can and Cannot Do. Computing Surveys 4 (1972), S. 81-96.

[Normen 1973]
Datenerfassungsschema Normen. Stand 4. April 1974. Ohne Autor und Herausgeber (herausgegeben vom Bundesministerium der Justiz).

[Prestel 1971]
Prestel, Bernhard M. Datenverarbeitung im Dienste

juristischer Dokumentationen. EDV und Recht, Band 3. Berlin: Schweitzer 1971, 58 S.

[Reisinger 1972]
Reisinger, L. Automatisierte Normanalyse und Normanwendung. Arbeitspapiere Rechtsinformatik, Heft 7, J.Schweitzer Verlag, Berlin, 1972.

[Salton 1968]
Salton, Gerard. Automatic Information Organisation and Retrieval, New York 1968.

[Schwarcz 1970]
Schwarcz, Robert M.; Burger, John F.; Simmons, Robert F. A Deduktive Question-Answerer for Natural Language Inference. Comm. ACM 13 (1970), S. 167-183.

[Seidel 1973]
Seidel, Ulrich. Ergebnisse und Perspektiven juristischer Benutzerforschung. NJW (1973) 1676-1680.

[Semturs 1973]
Semturs, Friedrich; Brüstle, Ludwig; Dietrich, Karl; Hnojsky, Helmuth. Theorie und Praxis der Ausarbeitung eines modularen Programmpakets zur Erschließung und zum Nachweis von Dokumenten ("Wiener System"). In: Lang, Friedrich; Bock, Friedrich. Wiener Beiträge zur elektronischen Erschliessung der Information im Recht. IBM Österreich, Wien 1973, S. 261-286.

[Siemens o.D.]
Siemens AG. GOLEM 2, ein System zur Wiedergewinnung von Information. Reihe data praxis, Best.Nr. D 14/4317 (ohne Datum), 84 S.

[Siemens 1972/73]
Siemens AG. PBS 4004 Informationssystem GOLEM II
- Datenerfassung, Datenverwaltung. Beschreibung. Bestell-Nr. D14/4325. September 1972.
- Datenwiedergewinnung. Beschreibung. Bestell-Nr. D14/4335. Mai 1973.

[Simitis 1970]
Simitis, Spiros. Informationskrise des Rechts und Datenverarbeitung. C.F. Müller Verlag, Karlsruhe 1970.

[Simitis 1974]
Simitis, Spiros. Gesellschaftspolitische Implikationen juristischer Dokumentationssysteme. DVR Bd.3, 1974, S.1-56.

[Simmons 1970]
Simmons, Robert F. Natural Question-Answering Systems: 1969. Comm.ACM 13 (1970), S.15-30.

[Stanley 1968]
Stanley,W.I.; Hertel,H.F. Statistics gathering and simulation for the Apollo real-time operating system. IBM-Systems Journal 7(1968), S. 85-102.

[Strempel 1973]
Strempel; Antel. Das Projekt "Juristisches Informationssystem" (JURIS). Niedersächsische Rechtspflege 27 (1973) 2o8-211.

[Swanson 1971]
Swanson, Don R. Some unexplained aspects of the Cranfield tests of indexing performance factors. Library Quarterly 41 (1971) 223-228.

[Tapper 1974]
Tapper, Colin. Survey of recent developments in North America. Report COM/Informatique/Jur. (74)2 to the Committee on legal Data Processing in Europe, Council of Europe. 25.Juli 1974, 26 S.

[Taylor 1968]
Taylor, J.G.; Navarroo, J.A.; Cohen, R.H. COURTSIM, Data Analysis and Simulation of the District of Columbia Trial Court System. Institute for Defense Analysis, Arlington, 1968.

[Telefunken o.D.]
Telefunken Computer GmbH. TELDOK Handbuch. Bestell-Nr. 440.GO.02 (ohne Datum, ca. August 1972).

[Thompson 1969]
Thompson, F.B.; Lockemann, P.C.; Dostert, B. and Deverill, R.S. REL: A Rapidly Extensible Language System. In: Proceedings of 1969 National ACM Conference, S. 399-417.

[Uhlig 1971]
Uhlig, Sigmar. Zur Problematik eines Juristischen Informationssystems. JZ 1971, S. 644-648.

[Uhlig 1974]
Uhlig, Sigmar. Das Juristische Informationssystem JURIS als rechtliches und rechtspolitisches Problem. Vortrag auf dem Deutschen Dokumantartag 1974, Bonn-Bad Godesberg, 8.10.1974.

[Zielinski 1971]
Zielinkski, Diethart. Die Juristische Bundesdatenbank als rechtspolitisches Problem. JZ 1971, S. 409.

[Zielinski 1973]
Zielinski, Diethart. Das Juristische Informationssystem. DVR Bd.2, 1973, S. 36-75.

FSC
www.fsc.org
MIX
Papier | Fördert
gute Waldnutzung
FSC® C083411

Kolibri 360 GmbH
Ferdinand-Jühlke-Straße 7
99095 Erfurt, Deutschland
produktsicherheit@kolibri360.de